探究　学校図書館学

第 **1** 巻

# 学校経営と 学校図書館

「探究　学校図書館学」編集委員会 編著

全国学校図書館協議会

# はしがき

　1997 年の学校図書館法の改正にともない「学校図書館司書教諭講習規程」が改正された。全国学校図書館協議会は，この改正を受けて 1998 年 12 月に発表した「司書教諭講義要綱」第二次案にもとづき「新学校図書館学」全 5巻を刊行した。その後，「司書教諭講義要綱」第二次案を本案とするために特別委員会で検討を重ね 2009 年 10 月に発表した「学校図書館司書教諭講習講義要綱」にもとづき「シリーズ学校図書館学」全 5 巻を刊行した。

　このように，当会では講義要綱をおおむね 10 年の期間で見直してきた。今回も 2018 年に講義要綱改訂のための特別委員会を設置し，委員の互選により平久江祐司氏が委員長に就任した。委員会では，大学の授業回数を考慮して内容を精選するとともに，同年 8 月の「第 41 回全国学校図書館研究大会（富山・高岡大会）」にて改訂案を示し，多様な立場からの意見を求めた。その後，パブリックコメントも踏まえて再度議論を重ねた。また，今回の改訂にあたっての基本方針である「講義要綱（シラバス）は，大学ごと（教員ごと）に作るものである」をもとに，各大学で講義要綱作成の指針となるものとして，2019 年 1 月に「学校図書館司書教諭講習講義指針」の名称で発表した。

　この「探究　学校図書館学」全 5 巻は，講義指針にもとづき，「新学校図書館学」や「シリーズ学校図書館学」の成果を考慮しつつ，15 回の授業を想定して刊行するものである。そのねらいの第一は，新学習指導要領に示された「主体的・対話的で深い学び」（いわゆるアクティブ・ラーニングの視点）での授業改善を推進する司書教諭養成のためのテキストとして，司書教諭を目指す教員や学生の学習に役立つことである。第二は，学校図書館を担当したり授業で学校図書館を活用したりしている人たちが，最新の学校図書館学の内容を系統的に学び，力量を高めようとする際の参考となることである。

　「探究　学校図書館学」を編集するに当たり，次の点に留意した。

　①　学校図書館学，図書館情報学，教育学，情報工学等の成果も取り入れる。

②　大学等で講義用のシラバス作成の参考になる章立て構成をする。

③　専門用語の定義を明確にするとともに，全巻を通して表記等を統一する。ただし，文脈や記述内容により，異なる表現等をする場合もある。

　知識基盤社会にあって新学習指導要領が目指す「知識・技能」の習得には，学校図書館の活用が欠かせない。図書館では，日本十進分類法の概念のもと世の中の知識が資料として分類整理されている。この資料（知識）を活用して，子どもたちは直面するさまざまな課題を解決するために探究の過程を通して学びを深めている。こうした一連の課題解決学習や探究型学習が日常化することで，「思考力・判断力・表現力」が育まれる。また，図書館の資料が教科別に分類されていないことで，教科横断的な学びにも対応できる。

　この，「探究　学校図書館学」全5巻が司書教諭の養成，読書指導や学び方指導を通して授業改善を進める担当職員の研鑽に役立つことを願う。

　最後に講義指針の作成および「探究　学校図書館学」編集委員としてご尽力いただいた先生方，貴重な原稿をご執筆いただいた皆様に，お礼を申し上げたい。また，講義指針作成の段階から適切なご助言やご意見をお寄せいただくなど，大所高所からご支援いただいた全国各地の先生方にも謝意を表したい。多くの方々の熱意あるご支援により刊行にいたったことに心から感謝申し上げたい。

公益社団法人全国学校図書館協議会

理事長　設楽　敬一

---

「探究　学校図書館学」編集委員

第1巻　平久江祐司（筑波大学図書館情報メディア系）

第2巻　野口　武悟（専修大学文学部）

第3巻　鎌田　和宏（帝京大学教育学部）

第4巻　小川三和子（聖学院大学）

第5巻　河西由美子（鶴見大学文学部ドキュメンテーション学科）

---

# 序

　2014年の学校図書館法の改正により学校司書が法制化されたことを受けて，「学校司書モデルカリキュラム」が制定され，新たに高等教育において学校司書養成課程も立ち上がってきている。その一方で学校図書館司書教諭講習の内容の向上も喫緊の課題となっていた。そうした意味では社団法人全国学校図書館協議会による2011年刊行の「シリーズ学校図書館学」が，リニューアルされ「探究　学校図書館学」としてこの度刊行されたことは学校図書館関係者として誠に喜ばしいことである。

　こうした点を踏まえ，本書の執筆に当たっては，シリーズ名に新たに「探究」が入ったことにより，読書（インプット）→探究（プロセス）→学習（アウトプット）という学びの循環（サイクル）の中でその核となる探究活動をより一層円滑に進めていく観点に立ち，図書館経営や学校教育等の近年の新しい知見を踏まえ，その基本的事項や現状を概説することを重視した。特に本書は司書教諭科目の中でも総論的性格を持っており，ICT化や情報教育の進展だけでなく，「主体的・対話的で深い学び」への対応も重要なテーマとなっている。こうした現代の学校教育の新しい動向に本書の内容は，幅広く対応しており，「楽しみ・交流し・学びの場」としての学校図書館の効果的・効率的な経営に資するものとなることを期待している。


第1巻編集委員　平久江祐司

# 目次

## 第Ⅰ章　学校教育の変遷と学校図書館

## 第Ⅱ章　学校図書館の法と行政

## 第Ⅲ章　学校の教育課程と学校図書館

# 第VI章　学校図書館の学習活動への支援

# 第VII章　学校図書館の連携・協力と将来像

## 第Ⅰ章　学校教育の変遷と学校図書館

# 1　現代社会の課題と学校教育

（1）時代の困難を「光」に変える学校教育

①「新教育指針」に現れた子ども像

　いつの時代も，社会は混乱と矛盾を内包しているが，人々はその先に「光」を見つけようと思う。そしてその「光」は，教育のあり様と深くかかわっている。

　社会の混迷は教育活動に混乱を招くが，社会が混迷を深めるときその解決に向けた出口が教育に求められる。教育は新しい時代を創り出す母体であり，教育は時代とその光とを結ぶ「架け橋」である。

　70数年前，敗戦後のわが国は文字通り混乱のなかにあった。「これからどうしたら良いのだろう」，多くの国民は逡巡のなかにあった。そうした時，敗戦の翌年（1946年）に「新教育指針」（文部省編）という文書が出された[注1]。戦後の価値観の大転換のなかで，教育の目当てを失いかけた教員に対し，新たな方向性を指し示した重要な文書である。

　その文書には「どうしてこのような状態になったのか」と戦争の原因を分析した項目がある。その要因の三番目に「日本国民は批判的精神に乏しく権威に盲従しやすい」との原因があげられて，次のように記されている[注2]。

　　　政府は，憲法に保障されているにもかかわらず，言論や思想の自由その他人間の大切な権利を無視して，秘密警察や，拷問を用い，国民は政治を批判する力を失い，「お上」の命令には文句なしに従うようになった。（略）このような態度があったればこそ，無意味な戦争の起るのを

防ぐことができず，また戦争が起っても政府と国民との真の協力並びに国民全体の団結ができなかったのである。

　思想・言論統制，その具体化としてのメディア統制，さらには教育統制である。そしてその法的措置としての治安維持法をはじめとする弾圧立法，さらにはその法制を担保した特別高等警察（特高）。そうした法と制度が国民の批判的精神を失わせ，国家権力の恣意的な為政を許したとの指摘である。
　政治（国家権力）のあり様と教育とが一直線に結びついていたことがわかる。それゆえ，戦後の価値観の転換のなかで，教育のあり様に大きな変化が求められた。「新教育指針」は，先の文章に続き，次のように記している[注3]。

　　（それゆえ：筆者注）教育においても，教師が教えるところに生徒が無批判的に従うのではなく，生徒が自ら考え自ら判断し，自由な意思をもって自ら真実と信ずる道を進むようにしつけることが大切である。このようにしてはじめて，（略）「民主主義の徹底」も「公民教育の振興」もできるのである。

　その「新教育指針」の1年後（1947年），戦後最初の学習指導要領（試案）が出された。その冒頭には，次のように記されている。

　　（戦前の教育は：筆者注）これまでとかく上の方からきめて与えられたことを，どこまでもそのとおりに実行するといった画一的な傾きのあったのが，こんどはむしろ下の方からみんなの力で，いろいろと，作りあげて行くようになって来たということである。
　　これまでの教育では，その内容を中央できめると，それをどんなところでも，どんな児童にも一様にあてはめて行こうとした。だからどうしてもいわゆる画一的になって，教育の実際の場での創意や工夫がなされる余地がなかった。

「上」(国家)の決めたことを「下」(国民)に強要したのである。「国民教化」としての教育である。それをこれからは，こうした中央集権的な教育を「下の方からみんなの力で，いろいろと，作りあげて行く」教育へと改めるとの記述である。

こうした考えは，戦後の教育法制の礎となった(旧)教育基本法(1947年)に体現されている。その教育基本法は，教育の目的を次のように規定している(第1条)。

　　教育は，人格の完成をめざし，平和的な国家及び社会の形成者として，真理と正義を愛し，個人の価値をたつとび，勤労と責任を重んじ，自主的精神に充ちた心身ともに健康な国民の育成を期して行われなければならない。

こうした規定は，同時期に制定された日本国憲法の理念と一体である。国民主権，平和主義，基本的人権の尊重を規定した憲法は，人権のカタログに，思想・良心の自由，表現の自由，学問の自由などの自由権的基本権を列挙すると同時に，「教育を受ける権利」(第26条)を規定している。教育を受けることを国民の権利とした規定である。新たな時代の創造を，新しい「教育」に託したのである。教育に「光」を見出したのである。

②高度経済成長と学校教育

「もはや戦後ではない」(経済企画庁『経済白書』1956年)を端緒とする高度経済成長の到来とともに，1958年に学習指導要領は改訂された。それ以前の学習指導要領(1947年，1951年)は，「試案」「教師の手引」であり文部省の著作物であったが，この1958年の学習指導要領から，文部省告示として官報に公示され，にわかにその法的拘束力が強調されるようになった。学習指導要領の基本的性格の変化である。そして，教育も「学力低下」の批判を受け，それまでの経験主義的学習から各教科の持つ系統性を重視した教育へと転換した。

その2年後(1960年)に「所得倍増計画」(池田内閣)が発表され高度経

済成長が本格化した。そしてこの期の教育では，その高度成長を支えるために，科学技術立国を担う人材の育成（マンパワー政策）が求められるようになった。1962 年刊行の『日本の成長と教育』（文部省）には，「教育投資」という語が用いられており，次の一節（「まえがき」）にその一端を見ることができる。

> 人間能力をひろく開発することが，将来の経済成長を促す重要な要因であり，その開発は教育の普及と高度化に依存しているという認識が，今日の教育を投資の面からとらえようとする考え方の背景となっている。この報告書では，このような考え方に立って，教育を投資の面から，ことばをかえていえば，教育の展開を経済の発達との関連に注目して検討しようと試みたものである。

　経済成長に果たすべき教育の役割への言及である。こうした人材の育成を通じて，経済大国への道を歩もうとした。経済成長への道を進むための「光」を教育に求めたのである。

　そのため，これ以降の学習指導要領には過密な学習内容が盛り込まれた。そして過密化した学校では，それを「消化」するために早すぎる授業が展開され，その授業は「新幹線授業」と揶揄され，一方的な知識注入型教育は「落ち零れ」を生み出すこととなった。

　ことばは現象を体現している。『広辞苑』（岩波書店）には，第 1 版（1955 年）からこの「落ち零れ」ということばが採録されているが，第 3 版（1983 年）からは，このことばの 3 番目の語義に「普通一般から取り残された人。とくに，授業についていけない生徒」との解説が付加されるようになった。「光」は，影をも内包していたのである。

③経済成長終焉と学校教育

　高度経済成長の終焉後，再び新たな子ども像が求められた。成長終焉直後（1976 年）に出された教育課程審議会最終答申には，「自ら考え正しく判断できる力をもつ児童生徒の育成」「自ら考える力を養い創造的な知性と技能

を育てる」ことの重要性が，改めて提起されることとなった。「自ら学び，自ら考える」子ども像の復活である。そして，この答申の10日後に，当時の審議会長はある新聞の論壇に，答申のねらいを次のように説明している<sup>(注4)</sup>。

> 教える側からの一方的知識伝達に終始するのをやめて，教わる側が与えられた知識を基にして，自分で考え直し，判断をする余裕あるものに改める。

「一方的知識の伝達」から「自分で考え直し，判断をする」教育への転換である。そのため，答申後に出された学習指導要領（1977年）では，「ゆとりと充実」の下，各教科の指導内容を大幅に精選し，授業時数の削減を行った。知識の詰込み教育（能力主義）からの脱却であり，それは「落ち零れ」批判に応えようとするものでもあった。

低成長，省資源型経済への対応，そして情報化社会の到来という産業構造の大転換を迎えようとするなか，教授・学習方法の転換，学習内容の精査を通して，わが国の未来を描こうとしたのである。それは，定量的知識や情報の記憶・蓄積に主眼が置かれた教育からの決別であり，子ども主体の教育への転換である。わが国の新たな「光」を，そうした教育に見出そうとしたのである。

④「生きる力」の育成

今日，教育課題のキーワードは「生きる力」である。このキーワードが最初に登場したのは，20世紀末（1996年）に出された中央教育審議会答申「21世紀を展望した我が国の教育の在り方について」（第一次）においてである。

同答申は，「子供たちの生活の現状等」について詳述しているが，とくに重要な課題として，①過度の受験競争の緩和，②いじめ・登校拒否の問題を取り上げ，いじめ・登校拒否の問題は「極めて憂慮すべき状況」にあり，とくにいじめについては，「これを苦にしたと考えられる自殺事件が相次いで発生しており，憂慮に堪えない」と記されている。こうした分析を見るにつけ，この答申が出された時代（1996年）の子どもが置かれた状況の一端を

知る思いである。そして，ここで指摘された課題は，今日もなお大きな課題として横たわっている。

　どのような子ども像を描いたら良いのだろう？　どのような学校像を描いたら良いのだろう？　そうしたなか答申は，「生きる力」の育成を基軸として，「これからの学校像」を描いた。次の指摘である。

　　　[生きる力] の育成を基本とし，知識を一方的に教え込むことになりがちであった教育から，子供たちが，自ら学び，自ら考える教育への転換を目指す。そして，知・徳・体のバランスのとれた教育を展開し，豊かな人間性とたくましい体をはぐくんでいく。

　改めて，「知識を一方的に教え込むことになりがちであった教育」から，「自ら学び，自ら考える教育」への転換である。そして，その 2 年後（1998 年）の学習指導要領において「生きる力」は，具体的な教育課題として登場することとなった。今日，文部科学省のウェブサイトには，「生きる力」を構成する三要素（[確かな学力]，[豊かな人間性]，[健康と体力]）の 1 つである [確かな学力] には，次のような意義が付与されている。

　　　知識や技能はもちろんのこと，これに加えて，学ぶ意欲や自分で課題を見付け，自ら学び，主体的に判断し，行動し，よりよく問題解決する資質や能力等まで含めたもの

　「生きる力」は，「自ら学び，主体的に判断し，行動」することにより，「問題解決する資質や能力」をも含んでいる。課題の発見から始まり，自ら考え，主体的に判断し，行動にいたる一連のプロセスである。そして，こうしたプロセスが発揮されるためには，所与の知識や情報を鵜呑みにしないで，自ら情報を獲得し，それらの情報を読み比べ見比べながら自分の考えを確立し，判断し行動していくことが必要である。それはまた，当然にも学校図書館の存在を必然化させている。

　20世紀末に出された「21世紀を展望した」中央教育審議会答申は，「生きる力」を子どもに育てることを通して未来を描こうとしたのである。子どもの「生きる力」に「光」を見出したのである。

## （2）現代社会の課題

### ①グローバル化，情報通信技術

　未来を正確に予測することは困難だが，未来は今日（現代）の先にある。いわば，未来は今日と地続きである。それゆえ，未来を描くことは，今日の社会がどんな社会であるかを見つめることから始まる。いつの時代も「不確実性」を帯びているが，その不確実性のなかに，次代が描かれている。

　何よりも今日の社会は，グローバル化（globalization）の時代である。経済も文化も政治もそして生活様式も，国や地域などの地理的環境，枠組みを越えて大規模に進行する社会である。どこかの地域での紛争，政治的混乱は，わが国社会にもすぐさま及んでくる。地政学的リスクは，避けることのできない要因として存在している。

　そして，政治的状況と経済は直結している。米国経済のあり様，発展途上国の経済，そして国際的な経済的枠組みは，わが国の産業のみならず日常生活に直結している。そして，そのグローバル化は，ICT（Information and Communication Technology：情報通信技術）の著しい進歩と軌を一にしている。今日の情報通信技術は，そうした政治，経済情勢を瞬時に世界の隅々に届け，一地域の変化を世界に拡散することを可能にしている。グローバル化は，そうした技術と隣り合わせになっている。

　そして今日，AI（Artificial Intelligence：人工知能）という新たなテクノロジーの登場は，社会のあり様を大きく変えようとしている。大量のデータ（ビッグデータ）が収集・蓄積され，それがAIにより解析されることにより，普段は気がつかない事物の相関関係や行動様式（類型）が抽出・発見されるようになった。そして，このAIにより解析・発見された情報は，特定個人の趣味嗜好を予測するだけではなく，その予測を特定の目的に利用することを可能にしている。そうした「予測力」は，経済のみならず，政治（投票行

動など）にも教育にも影響を与える可能性がある。私たちは，そうした社会の到来と隣り合わせにある。

②少子高齢化，人口減少，労働力人口

そして今日のわが国社会は，少子高齢化という構造的課題に直面している。「50年後（2065年）の日本，8808万人」。国立社会保障・人口問題研究所が，2017年に公表した「日本の将来推計人口」である。

わが国の人口構成は，国際連合が定めた「高齢化社会」の定義（65歳以上の老年人口の比率が総人口の7％を超えた社会）を基にすると，1970年に7％を超え2017年には27.7％に達している（内閣府「平成30年版高齢社会白書（全体版）」）。ほぼ高度経済成長の終焉後の約半世紀，わが国は高齢化社会の道を歩んできた。他方，一人の女性が平均して一生の間に何人の子どもを産むかを表す「合計特殊出生率」は，1975年に2人（1.91）を割って以来低下傾向を続け，直近の発表（2017年）によると1.43である[注5]。

少子化と高齢化とは相互関係にある。その少子化は，将来における労働力人口の減少に直結している。2007年には6684万人であった労働力人口は，約10年後の2017年には6720万人へと若干の増加を示しているが，女性と高齢者の労働市場への参入が大きな要因である。この間，女性の労働力人口は2768万人から2937万人に，65歳以上の労働力人口は549万人から822万人に増加している。しかし，15歳から24歳の労働力人口は607万人から545万人に，25歳から34歳は1429万人から1167万人へとそれぞれ減少している[注6]。女性と高齢者の労働力人口の増加に比し若年労働力人口の減少である。みずほ総合研究所の報告によると，こうした傾向が続くならば，2016年（6648万人）と比し約50年後の2065年（4000万人弱）には，労働力人口は約4割減少するという。

その労働力人口の減少は，経済大国を誇ったわが国の行く末の大きな不安要因となっている。そのため，その労働力人口の減少を国際的な人の移動によって緩和しようとする政策が急速に進行している。現在，観光・生産・流通等の各部門で，とくにアジアからの人材が活躍している。「外」からの流入がわが国経済を支え，発展させる大きな要因となっているが，そのために

は，どのような条件が求められているのか，今日，外国人労働者の活用や人権のあり様などが政治的問題となっている。

③「消滅可能性都市」

　人口減少に直面する自治体は全国各地に広がっている。日本創成会議が，2014 年に発表した統計によると，2040 年までに全国の計 896 自治体（市区町村）で，20 〜 39 歳の女性の人口が半減し，少子化・人口流出により行政機能の維持が困難になるという。そしてその「都市」（「消滅可能性都市」）は全自治体のほぼ半数に当たるという。こうした状況は，地域の活力の低下を招き，当該自治体の存続に大きな影響を与えている。地域産業の衰退（とくに第一次産業），雇用環境の悪化（働き場所がない），地域文化の衰退，そして鉄路の廃止などとも相まった人口流出が，当該地域の人口減少を加速化させている。

　それは同時に，学校存続の危機でもある。地域から学校が消える，そうした地域は全国各地に広がっている。文部科学省の調査（「廃校施設活用状況実態調査の結果について」）によると，公立学校の廃校数は，2002 〜 2015 年度の間，小中校そして高等学校を合わせると 6811 校である。平均すると 1 年間に約 500 校の学校が消えている。子どもを育てることは，自治体の大きな責務で，子どもは親の宝だけではなく「町の宝」でもある。そこで育った子どもが，その地域の主人公として，自治を担い経済を担い，町づくりに参画していく。地域の学校で育まれた「知」が，地域の人々が住む町を魅力あふれる「地」へと変えていく。人口減少は，そうした地域再生を担う学校存続の危機をも生み出している。

　人口減少は若い世代の減少であり，行政・自治・防災そして民主主義を担う人材の減少でもある。そして，その解決に残された時間は，日々刻々と砂時計のように減り続けている。そうしたなかで，教育に何が期待され，何ができるのか，今日の教育に課せられた大きな課題でもある。

④労働環境の変化

　労働環境の変化は，長年続いてきた日本型雇用環境の変容をもたらしている。平成が始まった頃は，就労者の約 80％は終身雇用制を前提とした正規

雇用労働者だった。しかし，政府の規制を緩和・撤廃し民間の活力に成長を委ねる経済政策とも相まって，現在では正規労働者は約60％に，非正規労働者（パートタイム労働者など）は約40％に上っている。こうした「調整」が容易な労働者の雇用の拡大・常態化にともなって，低賃金の働き手を多く生み出すことになった[注7]。

とくに，一人親世帯の多くを占める母子世帯の就業状況（2016年11月現在）を見ると，就業者の内「正規の職員・従業員」は44.2%，「パート・アルバイト等」は43.8%である。約半数が不定期の雇用関係のなかにある。そして，その母子世帯の平均年間就労収入は200万円である[注8]。子どもの貧困が社会的問題となっているが，2015年（平成27年）の相対的貧困率（所得中央値の一定割合を下回る所得しか得ていない者の割合）は15.7%，子どもの貧困率は13.9%である。相対的貧困を生み出す要因の1つは，雇用形態の不安定化による年間就労収入の低さにある[注9]。

そして，親の収入と四年制大学への進学率は，比例の関係にある。親の収入により，子どもの成績，進路をはじめ，1日の1人あたり食費等にも格差が生じている。子どもの貧困は，子どもの「学び」を十分に保障できない状態に連動している。


## 2　学校教育の理念と学校図書館

### （1）学校教育の理念

#### ①「制度」としての学校教育

教育という営みには，人類が生み出した知的文化財を，子どもの発達段階に応じて，適切に選択・伝達し新たな価値を創造するという側面がある。その教育は，今日では制度として営まれ，その制度的な責務は国や自治体が担っている。学校教育はその典型的事例である。わが国において，その「制度」としての学校教育の歴史は学制の発布（1872年，明治5年）とともに始まる。

教育が制度として営まれるようになると，そこにはその制度を維持する国

家や自治体の意図が入り込んでくる。そして，教育は社会の営みの一部であるゆえ，教育はその社会の姿に影響を受ける。1945 年（敗戦）を境としたわが国の教育の変化を思うと，そのことは明らかである。

②「国民教化」の教育―戦前の教育

　戦前のわが国の教育は，「一旦緩急アレハ義勇公ニ奉シ以テ天壌無窮ノ皇運ヲ扶翼」する「臣民」を育てることを目途とした教育勅語（1890 年）を最高の指導原理とした教育であった。この教育を日常的に担保したのが，「皇国民」の育成を主眼とする国定教科書である。とくに，国民学校令（1941 年）の下，「皇国ノ道ニ則リテ初等普通教育ヲ施シ国民ノ基礎的錬成ヲ為スヲ以テ目的」（同令第 1 条）とする教育が行われた時期の国定教科書（1941-45 年，第五期）は，「国語教材の実に 76.4％が超国家主義の意図実現の教材」であり，「特に五，六学年においては，約 95％に達して」いると評された[注10]。

　そしてこの第五期の中心教科は「国民科」であるが，教師用指導書『初等科国語七　教師用』では，その国民科の目的について，とくに「国体の精華を明らかにし，国民精神を涵養し，皇国の使命を自覚せしめる」ことにあると解説されていた。その「国民精神」とは，「皇国の道に基づいて発揮せられる。しかもそれは，無窮に生々発展する皇国の相を体現して，あらゆるものを包摂する博大な精神」[注11]となっている。教育が，為政者の権力維持の装置になっていたことがわかる。

③「権利」としての教育―「成長・発達の権利」としての学習権

　教育は，戦後の価値観の転換のなかで大きく変化する。その最大の転換は，教育が「権利」として位置づけられたことである。「すべて国民は，法律の定めるところにより，その能力に応じて，ひとしく教育を受ける権利を有する」（日本国憲法第 26 条第 1 項）との規定がその根拠法である。教育が兵役・納税と並ぶ「臣民」の三大義務であった戦前の教育と比すると 180 度の転換である。その「教育を受ける権利」とは，どのような権利なのだろうか，その権利の内実について，最高裁はある事件の判決で次のように判示している[注12]。

この規定（憲法第26条：筆者注）の背後には，国民各自が，一個の人間として，また，一市民として，成長，発達し，自己の人格を完成，実現するために必要な学習をする固有の権利を有すること，特に，みずから学習することのできない子どもは，その学習要求を充足するための教育を自己に施すことを大人一般に対して要求する権利を有するとの観念が存在していると考えられる。換言すれば，子どもの教育は，教育を施す者の支配的権能ではなく，何よりもまず，子どもの学習をする権利に対応し，その充足をはかりうる立場にある者の責務に属するものとしてとらえられているのである。

　「子どもの学習する権利」，すなわち学習権を容認したこの判決からは，①人間は，自覚的に学習することにより成長・発達を遂げる存在であること，②そうした成長・発達を促すために学習することは「権利」であること，③そして，おとな社会はそうした権利を充足する責務を有していること，との考え方を伺うことができる。

　この概念には，人は自らの学習により，人間らしさを獲得していく権利主体であるとの認識が内在化されている。いわばこの概念には，学ぶことにより人間が創られていく，人間が人間となるための絶対的要件としての学習の権利性という考えが中核に据えられている。この認識は，学びの場，育ちの場としての学校図書館，自主的・自発的な学びを担保する学校図書館を検討する際の重要な座標軸でもある。それだけに，学校図書館もまた，子どもの学習権を充足するための重要な教育環境として位置づけられるのである。

　教育には，陶冶・訓練・養育などの要素が含まれており，また社会の持続・発展を目的に，被教授者をその社会に適応させる意識的な営みとしての一面も有している。しかしそれらの営みは，子どもが「成長，発達し，自己の人格を完成，実現する」ことに資するものでなければならない。それゆえ，今日の教育の基本的理念の中核は，この子どもの「成長，発達し，自己の人格を完成，実現する」権利，あるいは子どもの「人間性を十分に開花させるべく自ら学習し，事物を知り，これによって自らを成長させる」権利（東京地

裁判決，1970年）<sup>(注13)</sup>を担保，発展させることにある。

　そして，こうした権利は，子どもの自主性，自立性の尊重と結びつくものである。学習権は，「自己の人格を完成，実現するために必要な学習をする固有の権利」（最高裁判決）であるが，この権利には，子どもが自覚的に自らの自己実現を図ること，すなわち自ら考え，自ら選び，自ら判断するという，子どもの自主的，自立的な行動規範が内包されている。

## （2）学校図書館の理念と使命

### ①「教育を受ける権利」を担保する学校図書館

　学校図書館は，それ自体独自の存在ではなく，学校教育に組み込まれた存在である。学校図書館法は，学校図書館は「学校教育において欠くことのできない基礎的な設備」（第1条）と規定している。組み込みの規定である。それだけに，学校図書館のあり様は学校教育のあり様と深くかかわっている。

　その学校図書館法は，「教育を受ける権利」を規定した憲法第26条に連なる法律の1つであり，学校図書館の目的を2点規定している。「教育課程の展開への寄与」「児童又は生徒の健全な教養の育成」である（第2条）。だから学校図書館は，これらの目的の実現を通して，子どもの「教育を受ける権利」を担保する任務を担っている。いわば，この2つの目的が実践されることは，憲法第26条の法意を具体化することでもある。

### ②『学校図書館の手引』（1948年）に見る学校図書館観

　わが国の学校図書館は，戦後教育の所産である。その戦後教育が目指した子ども像は，既述の「新教育指針」に見られるように，「自ら考え，自ら判断できる」子どもである。それは，国定教科書により担保された「皇国民」教育からの決別でもある。

　そうした決別を示す文献に，戦後3年目（1948年）に出された『学校図書館の手引』がある。「学校図書館は新しい教育においては，きわめて重要な意義と役割を持っている」<sup>(注14)</sup>との認識の下に書かれた文献で，「日本の学校図書館の歴史は，この書の刊行とともに，国民のものになった」と称される文献である<sup>(注15)</sup>。

その『手引』は，新教育における学校図書館の役割を9点あげている。その6番目に，次のような注目すべき意義が述べられている<sup>(注16)</sup>。

> 　学校図書館の蔵書は，生徒の持つ問題に対していろいろの考え方や答を提供する。——かりに，教室の学習において，教師から一つの問題に対してただ一つの解決しか興えられないとするならば，生徒は自分自身でものごとを考えることを学ばないであろう。生徒たちにとってたいせつなことは，問題を理解するに役立つ材料を学校図書館で見いだし，これを最も有効に使い，自分で解決を考え出して行くことである。このようにして，かれらは，批判的にものを解決する態度を養うであろう。

　「教師から一つの問題に対してただ一つの解決しか興えられない」教育を担保したのは，単一的価値観の資料（国定教科書）であった。だから今後は「問題を理解するに役立つ材料を学校図書館で見いだし」，そこで入手した資料を「有効に使い，自分で解決を考え出して行く」，そのことにより「批判的にものを解決する態度を養う」というのである。
③「自ら資料を見つけ出す」—「クリティカル・シンキング」
　「批判的にものを解決する」というこの指摘は，今日なお重要性を増している。今日の教育のキーワードは「生きる力」であるが，文部科学省のパンフレット（「学校・家庭・地域が力をあわせ，社会全体で，子どもたちの「生きる力」をはぐくむために」2010年）には，「生きる力」は，知識基盤社会の到来と合わせて，次のように説明されている。

> 　これからの社会を生きる子どもたちは，自ら課題を発見し解決する力，コミュニケーション能力，物事を多様な観点から考察する力（クリティカル・シンキング），様々な情報を取捨選択できる力などが求められると考えられます。

　クリティカル・シンキング（critical thinking）とは，物事や情報を無批

判に受け入れるのではなく，多様な角度から分析・検討し，論理的・客観的に理解することである。情報を鵜呑みにしないで，多様な情報を比較検討しながら自分の考えを確立していくことである。だから「生きる力」には，事物や物事を「批判的」に分析・検討するという思考方法が内在化されている。

　それだけに，クリティカル・シンキングは，情報の向き合い方と深くかかわっている。情報の入手から始まり，分析・加工・発表する一連の営みである。そしてその営みは，学校図書館とも深くかかわっている。学ぶためには，さまざまな知識や情報が不可欠だが，その点，学校図書館は，学校における知識や情報の集積体である。そこに集積された資料を駆使しながら「問題を理解するに役立つ材料を学校図書館で見いだし」，その資料を「有効に使い，自分で解決を考え出して行く」，その過程で「批判的にものを解決する態度を養う」（『学校図書館の手引』）こともできるのである。学校図書館が「学校教育において欠くことのできない」（学校図書館法第1条）教育環境である所以でもある。

## 3　学校図書館の理念と使命

### （1）学校図書館の理念──「歴史的，社会的存在」としての理念

　理念とは，「事業・計画などの根底にある根本的な考え方」（『広辞苑』第6版），「物事のあるべき状態についての基本的な考え」（『大辞林』第3版）である。

　その理念は，多くの組織体にとっては，自己の進むべき方向性を指し示したものである。しかし，何を根本・基本と捉えるかにより理念の内実は異なる。学校図書館も同様である。理念を学校図書館の「使命」と捉えれば，学校図書館が担うべき基本的任務の方向性と重なる。しかし理念に，学校図書館の利用を通じて育成される「態度や資質」（児童生徒像）という教育的観点を含めると，それは教育的意義と重なる。そして，この両者（使命，児童生徒像）は密接に関連している。学校図書館理念の「両義性」である。そし

て理念は，時代の影響を受け歴史的・社会的に形成されたものであるが，学校図書館の理念も歴史的・社会的背景のもとにある。

『学校図書館』誌は，全国学校図書館協議会創立 40 周年記念号（482 号，1990 年）に，「学校図書館の理念はどう変わったのか」という論考を掲載している。そのなかに，「これが，学校図書館の出発のときの理念」[注17]であるとの一文がある。戦後の学校図書館に大きな影響を与えた既述の『学校図書館の手引』（文部省，1948 年）で述べられた学校図書館の意義と役割を紹介した部分である。その『手引』には，既述のように学校図書館の役割の発揮を通じて育成すべき態度や資質も合わせて提起されている。自立的・個性的，さらには自ら考え批判的精神を有した子ども像である。先の「両義性」でいうなら，学校図書館の利用を通じて育成される「態度や資質」（児童生徒像）という教育的側面に力点が置かれている。このような子ども像は，戦後教育の方向性を示した「新教育指針」（文部省，1946 年）が目指した方向性でもある。指針には「生徒が自ら考え自ら判断し，自由な意思をもって自ら真実と信ずる道をすすむようにしつけることが大切である」と記されている。

それに対し，『学校図書館の手引』刊行後 40 余年を経た 1991 年に採択された「学校図書館憲章」（全国学校図書館協議会，以下「憲章」）には，学校図書館の理念として，次の5点が列挙されている。

1．学校図書館は，資料の収集・整理・保存・提供などの活動をとおし，学校教育の充実と発展および文化の継承と創造に努める。
2．学校図書館は，児童生徒に読書と図書館利用をすすめ，生涯にわたる自学能力を育成する。
3．学校図書館は，資料の収集や提供を主体的に行い，児童生徒の学ぶ権利・知る権利を保障する。
4．学校図書館は，他の図書館，文化施設等とネットワークを構成し，総合的な図書館奉仕を行う。
5．学校図書館は，児童生徒・教職員に対する図書館の奉仕活動・援助活

動をとおして，教育の改革に寄与する。

　ここに述べられた理念は，先の「両義性」にもとづくなら，学校図書館の「使命」に近似している。そして，その理念の1つに，学校図書館は「児童生徒の学ぶ権利・知る権利を保障する」との一節が含まれていることは注目すべき点である。先に述べた子どもの「成長・発達の権利」としての「学習権」を想起させる。

## （2）理念を基にした学校図書館運営

　学校図書館が学校教育を離れて存在しない以上，学校教育が何を目指しているのか，そのために学校図書館が果たすべき使命は何なのかを見極めることは重要なことである。それだけに，学校図書館にかかわる人は，時代の教育状況を的確に把握し，自校の教育目標を理解し，自校の置かれている諸状況を認識し，職員（司書教諭や学校司書など）の専門性を基礎に，その責務を果たすことが求められる。

　その点から検討すると，今日的意味における学校図書館の理念とは，学校図書館が，その資源（人，学校図書館メディア，施設・設備）と機能を通じて，子どもの個性や自主性，創造性，批判的精神を育て，学校教育の目的を支援することと深くかかわっている。そのために学校図書館には，次のようなことに留意し，その運営に当たることが求められている。

①学校図書館は，学校における知識や情報の拠点として，子どもの個性の発達と自主的，創造的精神の涵養に資することにより，学校教育の充実・発展に寄与する。
②学校図書館は，学校図書館メディアとサービスの提供を通じて，子どもの学ぶ権利や知る権利を保障するとともに，教職員の教育活動を支援する。
③学校図書館は，自校の教育課程と自校が置かれている諸状況を的確に把握しつつ，自主的・主体的な立場で学校図書館メディアを収集，整理し

提供する。さらに，他の図書館や類縁機関との相互関係の構築を通した図書館サービスを行う。

④学校図書館は，その機能の発揮を通じて，教授・学習方法の転換を促進し，教育改革の重要な一端を担う。

⑤学校図書館は，その任務を十分に果たすことができるような学校図書館メディア，施設・設備，職員を整備する。

⑥学校図書館は，職員の専門性を基礎に，学校の組織の一部として，相互に協働関係を構築しながらその任務を行う。

学校図書館にかかわるすべての人が，学校図書館の理念を共有することは，学校図書館がより発展した教育支援を行うために大切なことである。

## 4　学校図書館法の制定と学校図書館

### （1）全国学校図書館協議会の誕生（1950 年）

学校図書館法は，全国学校図書館協議会（全国 SLA）の主導により法制化への道をたどった。その全国学校図書館協議会は，学校図書館の充実・発展を目指し 1950 年に創立された学校図書館の全国組織である。

その全国学校図書館協議会の創立に大きくかかわったのが，既述の『学校図書館の手引』である。この『手引』刊行の翌年（1949 年）に，この手引書の伝達講習を兼ねて東日本（千葉県）と西日本（奈良県）の 2 会場で，文部省主催による学校図書館講習協議会が各 3 日間にわたり開催された。新学制（六・三制）は既に 2 年前（1947 年 4 月）に始まっており，この講習協議会には，その新しい小学校・中学校の教員はもちろん，図書館職員，教育委員会指導主事などが参加した。

戦後初めて開かれたこの伝達講習は，戦後の学校図書館の歩みのなかで画期的なものであった。この講習会に参加した人たちが，その後地元で開催された学校図書館の講習会で講師を務め，学校図書館運動の中核として活躍す

ることになった。そのため，学校図書館運動も急速に高まりを見せ，全国各地で学校図書館協議会の組織化が活発化し，全国組織の結成も先の講習協議会で大きな話題となった。そして 1950 年に，27 都道府県，3500 校の参加により，全国学校図書館協議会が結成された。先の講習協議会後わずか 1 年後のことである。その意味において，『学校図書館の手引』は，学校図書館運動を東京から全国各地へと広げていく文字通りの「手引き」となった。

## （2）学校図書館法の成立（1953 年）

その全国学校図書館協議会が，創立当初に取り組んだ最大の課題は，学校図書館法の制定である。全国学校図書館協議会は，創立 2 年後の 1952 年の 6 月より 12 月までの間，（a）学校図書館費用を公費でまかなうこと，（b）専任司書教諭と専任事務職員を配置すること，（c）司書教諭制度を法制化すること，などを内容とした請願・署名運動を展開した。その熱意の結果，約 92 万 5 千人の署名を獲得し，署名は翌年（1953 年）に衆参両院議長などに提出され，法案はこの署名を背景に超党派の議員立法として上程され，1953 年に可決され，学校図書館法として成立，8 月 8 日に公布された。

署名運動の当時はまだテレビ放送はなく，出版事情も情報通信手段も現在と比較し格段に劣っていたこの時代に，92 万 5 千人もの署名を得たことは驚異的なことである。そして戦後の混乱期で，郵便事情（鉄道事情）も悪いなか，その署名簿が全国津々浦々から全国学校図書館協議会に送付されたことも驚くべきことである。また「各地から国会へ送り込まれる山のような陳情の端書」[注18] にも，同法制定に期待する全国の教員，保護者の熱意を知る思いである。

## （3）自発性の涵養と学校図書館

学校図書館法は，既述のように議員立法として上程された。その上程の際の提案理由（「補足説明」）に，次のような一節がある。

学校教育におきましては，先ず第一に，教育の指導理念が，児童生徒の

個性を重んじ，その自発的学習の啓発育成にあることは申すまでもありません。この指導理念に従いますれば，又，指導方法におきましても，従来の画一的詰込式教授法によらずして，児童生徒の自発的学習形態が採られなければならぬことは，当然なことであります。

こうした提案理由には，子どもの個性の尊重，そして「自発性の尊重」の原理が存在している。その「自発性」は，学校図書館法の中軸の概念である。既述の『学校図書館の手引』が出された同じ年（1948年）に，文部大臣の諮問機関として「学校図書館協議会」が設置され，1年間の審議を経て文部大臣に「答申」を出した（1949年）。「学校図書館基準」と呼ばれている（以下「基準」）。その「基準」には，4点の基本原則が述べられているが，その第1は次のようになっている。

学校図書館は学校教育の目的にしたがい，児童生徒のあらゆる学習活動の中心となり，これに必要な資料を提供し，その自発的活動の場とならなければならない。

学校図書館法の提案理由に先立つ4年前に，「基準」は学校図書館を児童生徒の「自発的活動の場」と位置づけていた。そして，この「自発的」ということばは，その「基準」を解説した文献のなかにも，重要な用語として登場している。『学校図書館基準：解説と運営』という文献である（1950年）。そのなかで，「学校図書館の設置およびその利用は，わが国の学校教育の革新の重要な要因と考えられる」と述べた後，次のように記している[注19]。

学校図書館を設置しないで，いわゆる新教育を行うとしてもそれは不可能である。（略）児童生徒の自発的学習を文字どおり生かした新しい教育を行うには，どうしても学校図書館が必要である。

（旧）教育基本法に教育の方針として「自発的精神」の涵養（第2条）が

規定された２年後である。それだけに，この「自発的学習」という考え方は，その後，学校図書館を不可欠的な教育環境とする大きな根拠になっていったように思う。

　学校図書館法制定の４か月前（1953 年）に出された全国学校図書館協議会の機関誌『学校図書館』では，「学校図書館法の制定をめざして」という特集を組み，その冒頭で「われわれは何を世論に訴えようとしているのか」という問いを発し，次のようにその「回答」を述べている[注20]。

> 　学校図書館が，学校教育の心臓だと言われるわけは，図書館なしには，十分な教育効果が期待できないからである。すなわち，児童生徒の個性を重んじ，その自発的学習を重視する現代の学校教育においては，何をさしおいても，その自発的学習に必要な研究資料を豊富にあたえてやらなければならない。彼等の**自発的学習に必要な資料を収集整備し，提供するのが，学校図書館の重要な使命である。**（ゴシックは原文通り：筆者注）

　学校図書館法制定運動は，既述のように，学校図書館費の公費支弁，司書教諭等の配置・法制化を求めるものであったが，その根底には，子どもの「自発的学習」を支えるという考えがある。それが，法制定時の提案理由（自発的学習態度の養成）につながっていった。

　こうした文献を見ると，「自発性」は学校図書館を理解するためのキーワードであることがわかる。その「自発的学習」を行うには，当然にも，子どもが自ら課題を解決していく，そのために自分で情報を探し出し回答を見つけ出す，こうした学習方法を実現するための学校図書館の存在が不可欠となる。

　学校図書館は，子どもの「自発性」と深くかかわり，「学校教育において欠くことができない基礎的な設備」として誕生した。その「基礎」ということばには，「それを前提として事物全体が成り立つような，もとい」（『広辞苑』第６版），「ある物事を成り立たせる，大もとの部分。もとい」（『大辞泉』第２版）という意味がある。また『広辞苑』には，「不可欠」ということばの

用例に「不可欠条件」が載っており，その語義が「事象が成り立つためになくてはならない条件。必須的制約」と記されている。

　これらのことばを学校図書館法第1条に合わせてみると，「事物全体」「事象」は学校教育そのものであり，それが「成り立つ」ための「もとい」が学校図書館である。学校図書館を欠いては，学校教育という「事象」それ自体が成り立たない。学校図書館法第1条はそのような意義を有していると解釈することができる。その「要」のことばが「自発性」（自発的学習）である。

　成立した学校図書館法は，当初は3章15条と附則から成っていたが，その後改正を重ね，現在は8か条と附則から成っている（最終改正：2014年6月20日）。その内容については，次章で詳述されている。

## （4）学校図書館法の意義

　学校図書館法の成立は，紆余曲折を経たが，成立は学校図書館の発展にとって大きな意義を有している。とくに学校図書館を「学校教育に欠くことができない」と位置づけたことは意義深いことである。この「不可欠」性の規定は，学校図書館が，全国各地の学校に設置される根拠にもなった。そして，学校図書館法がなければ，子どもの読書環境や自発的学習形態は不十分だったと思う。戦後の「新教育」の胎内から生まれた学校図書館を，法の担保を以って制度化した意義は大きい。

　しかし，多くの課題を残したままの成立でもあった。その課題は「人」の問題に集約される。その第1は，司書教諭の問題である。同法第5条では，司書教諭の必置を規定したが，附則第2項で，その司書教諭は「当分の間」その配置が猶予された。しかも，その猶予期間は「ほぼ10年」[注21]という長い期間が予定されていた。そのため，法成立の2年後（1955年）に開催された第6回全国学校図書館研究大会（徳島大会）では，早くも「学校図書館法附則第2項の即時撤廃」が決議された。この配置猶予（11学級以下の学校を除き）が「原則」撤廃されるのは1997年の法改正によってである。

　第2は，学校司書について何ら規定がなかったことである。そのため，法制定後，学校図書館の職務を専門に担うために「学校図書館担当職員」（「学

校司書」）が生まれ，「学校司書の法制化」が学校図書館運動の大きな課題となった。この「学校司書法制化」の問題は，ようやく2014年の法改正により，一定の前進を見ることとなった。今後は，学校司書の配置促進，とくに「専任」「正規」での配置が求められることになる。

## 5　学校図書館の現代化とその課題

### （1）学習活動と読書活動の「融合性」

「現代化」とは，「現代に合うようにあらためること。また，あらためたもの」である（『大辞林』）。それゆえ「学校図書館の現代化」とは，学校図書館が有している「本来的」機能を再確認しつつ，現代という時代がどのような学校図書館を求めているか，その学校図書館の「姿」を明らかにすることである。

その学校図書館の本来的目的は，学校図書館法（第2条）に規定された2点（「教育課程の展開への寄与」「児童生徒の健全な教養の育成」）に体現されている。だから，学校図書館の現代化は，この2点の目的の実現と深くかかわっている。

その目的とかかわり，2008年告示の学習指導要領は，総則で学校図書館の利活用に関し次のように記している。

> 学校図書館を計画的に利用しその機能の活用を図り，児童（生徒）の主体的，意欲的な学習活動や読書活動を充実すること。

ここでは「学習活動」と「読書活動」が別個に扱われている。学校図書館法の「教育課程の展開」「健全な教養の育成」に対応した記述である。しかし，学習活動と読書活動は，ともに文字（ことば）を介した活動である。それゆえ，両活動は別個の活動であると同時に「融合的関係」に立つ活動でもある。

「読書」は，ことば（文字）を介し，そのことばに内包されている諸々の

世界を獲得する営みである。ことば（文字）を通して描かれた世界からさまざまな思い（愛情，憎悪，苦しみ，喜びなど）や情報を受け取り，「生きる」ことへの指針を得る営みである。また読書による新たなことばの獲得は，新たな学びの領域を開拓していく鍵ともなる。読書とことばとは相互に関連しながら，循環関係を形成し，子どもを新たな認識の世界，自己変容へと導いていく。

　「学習」も同様である。学習は，教員のことばを「聞く」，教科書に書かれた文字（ことば）を「読む」，ことばを介して学びを深めていく営みである。その学びを通して，新たな世界へ自己を変革していく営みである。そして学習には，さまざまな知識や情報が必要だが，既知の知識や情報が多ければ，学習はより拡大・深化する。その知識や情報の多くは，文字（ことば）の獲得と不可分の関係にある。だから，ことばが豊富であれば，多くの知識や情報を入手することができ「学び」は豊かになる。「読む」ことが「学び」を支え，「学び」が「読み」の領域を拡大していく。読む力が「学力」を底支えしているのである。

　きちんとした文章が書けることと「学力」との間にも相関関係がある。「全国学力・学習状況調査」（2016 年度）の結果によると，「400 字詰め原稿用紙２〜３枚の感想文や説明文を書くことは難しいと思いますか」との質問に対して，国語Ａで「そう思う」と答えた中学生の平均正答率は 72.5％であるのに対して，「そう思わない」と答えた子どもの平均正答率は 80.5％，８％の開きがある。以下，国語Ｂは 12.4％，数学Ａは 10.0％，数学Ｂは 7.4％の開きである。「学力」も「きちんとした文章」を書くことも，「本を読む」こととかかわっている。「読書活動」と「学習活動」は深く結びついている（「融合的関係」）。

　学力を「知識」の量だけでなく「学ぶ意欲や自分で課題を見付け，自ら学び，主体的に判断し，行動し，よりよく問題解決する資質や能力等まで含めたもの」との考えは，「確かな学力」に関する文部科学省の解説である。そして，こうした「資質や能力」が身につくためにも，「読む」ことを根底においた「学び」が不可欠である。それは同時に，さまざまな資料を読み比べ見比べしな

がら情報の真偽を見極めつつ「学び」を深めていくことでもある。読書と学習を連動させることが「自ら学び，主体的に判断」できる子どもを育てることにつながっていく。そして，こうした連動を生み出すのに最も適した教育環境が学校図書館である。多様な視点・観点を含んだ多様なジャンルの図書や文献が収集・整理・提供される場としての学校図書館は，学習活動と読書活動を融合的に担保しつつ子どもを育てる優れた教育環境である。

　「不確実性」と言われる今日の時代において，わが国に求められていることは，次代の社会を構想する想像力である。その想像力は未来を「創造」する地下水である。そして，その「想像力」を育む有力な大樹が読書である。読書は，色も景色も見えず，声も風の音も聞こえないなか，心に「色も声も音も」届けることができる。それは，想像が生み出す世界である。学習がこうした想像力と結びつき展開されるなら，それは次代を描く力になっていく。その次代を創り出すために，学校図書館はその資源である資料と人を駆使しつつ「読書活動」と「学習活動」との融合的関係をもとに，図書館サービスの展開に寄与すべきである。

　学校図書館をこうした「融合性」の視点から考察することは，これまでの学校教育のあり様を変革していく大きな視座である。今日の学校教育が，学校図書館の有するこうした特質を深く理解し，そのような役割を果たし得る学校図書館を創造していくことが求められている。

## （2）「主体的・対話的で深い学び」─学校図書館機能の発揮

　こうした「現代化」の課題は，2018年告示の学習指導要領（以下「新学習指導要領」）の実現ともかかわっている。その学習指導要領は，2020年度（小学校）から全面実施される。そのキーワードは「主体的・対話的で深い学び」である。この用語は，そこではじめて登場した概念，いわば「新語」である。しかし，その意図するところは「アクティブ・ラーニング」の用語をもって教育界では以前から論議されていた。

　その「アクティブ・ラーニング」が，初等中等教育に広がりを見せた直接の契機は，文部科学大臣が，新学習指導要領の改訂に向けて出した「初等中

等教育における教育課程の基準等の在り方について」という諮問にある（2014年11月20日）。

諮問はそのなかで、子どもたちが「ある事柄に関する知識の伝達だけに偏らず、（略）自ら課題を発見し、その解決に向けて主体的・協働的に探究し、学びの成果等を表現し、更に実践に生かしていけるようにすることが重要である」と述べたあと、次のように指摘している。

> そのために必要な力を子供たちに育むためには、「何を教えるか」という知識の質や量の改善はもちろんのこと、「どのように学ぶか」という、学びの質や深まりを重視することが必要であり、課題の発見と解決に向けて主体的・協働的に学ぶ学習（いわゆる「アクティブ・ラーニング」）や、そのための指導の方法等を充実させていく必要があります。こうした学習・指導方法は、知識・技能を定着させる上でも、また、子供たちの学習意欲を高める上でも効果的であることが、これまでの実践の成果から指摘されています。

「何を教えるか」（知識の質や量）の改善はもちろんだが、「どのように学ぶか」（学びの質や深まり）という「学び方」を重視するとの指摘である。こうした指摘を学校図書館に引きつけて捉え返すなら、それは「学び方の学び」の重要性の指摘である。

新学習指導要領は、「主体的・対話的で深い学び」の実現に向けた授業改善に際し、各教科等の指導に当たり「配慮」すべき事項（総則）として、児童生徒が各教科科目等の特質に応じた物事を捉える視点や考え方（「見方・考え方」）を働かせながら、（a）知識を相互に関連づけてより深く理解する、（b）情報を精査して考えを形成する、（c）問題を見いだして解決策を考える、（d）思いや考えを基に創造したりする、ことに向かう「過程を重視した学習の充実を図る」ことを述べている。

これら「配慮」すべき事項は「学び方の学び」の主要な部分をなしている。学んだ知識や情報を、ただそのまま鵜呑みにするのではなく、多様な情報を

分析・検討しながら自分の考えを確立していくことである。情報の入手から始まり，分析・加工・発表する一連の営みである。そうしたプロセスは「生きる力」を獲得することと同義である。既述のように，「確かな学力」（文部科学省の解説）には，「学ぶ意欲や自分で課題を見付け，自ら学び，主体的に判断し，行動し，よりよく問題解決する資質や能力等まで含めたもの」との考えが含まれており，こうした資質や能力は「生きる力」の要件の1つである

　しかし，このような「学び」が実現するには，わが国の教育の教授・学習方法の転換が不可欠である。すなわち，「知識を教え込む」という教授・学習方法の転換である。教科書に書かれた学習内容を教員の解説（指導）をもとに覚えることが主流の教育にあっては，疑問や課題について資料を利用して調べるという営みは疎遠となり，学校図書館機能の発揮はそれほど必要でなくなる。「黒板とチョーク」「教科書とノート」が，そうした機能にとって代わるのである

　しかし，こうした教育からの脱却は，わが国の教育が抱えてきた長年の課題である。今から20年前（1998年）に出された教育課程審議会答申には，次のような指摘がある。

　　これからの学校教育においては，これまでの知識を一方的に教え込むことになりがちであった教育から，自ら学び自ら考える教育へと，その基調の転換を図り，子どもたちの個性を生かしながら，学び方や問題解決などの能力の育成を重視するとともに，実際生活との関連を図った体験的な学習や問題解決的な学習にじっくりとゆとりをもって取り組むことが必要であると考えた。

「知識を一方的に教え込む」教育からの転換である。「どのように学ぶか」という問いは，こうした「知識を教え込む教育」からの転換と不可分である。そして，そうした「学び方の学び」は資料のあり様，学校図書館のあり様と深くかかわっている。

学校図書館を軸とした「学び方の学び」は「生きる力」を育みつつ、「主体的・対話的で深い学び」を根底において支えている。「現代」において，学校図書館に課せられた大きな課題である。

## （3）「現代化」を担保する要件—「資料」と「人」

### ①「資料」の問題

　学校図書館が，こうした「現代化」の課題に応えるには条件整備が必要である。その条件整備の最も重要な事項は，「資料」と「人」の問題である。図書館サービスは，資料と人（司書教諭，学校司書など）の配置があってはじめて実質化する。それゆえ「学校図書館の現代化」の課題は，この資料と人の問題としても顕在化する。

　子どもの読書と学習に資する資料があれば，子どもは学校図書館を利用するようになる。インドの図書館学者ランガナタンは，名著『図書館学の五法則』の第二法則に〈いずれの読者にもすべて，その人の図書を〉（Every reader his or her book）をあげている。いずれの「his」にも「her」にも，すなわち「すべての人に本を」という考えである[注22]。このことを今日の学校図書館に置き換えてみると，どんな地域に住んでいようとも，どんな家庭の経済状況にもかかわらず，子どもは学校図書館を通じて「本」（図書）を手にすることができなければならないということである。とくに学校図書館は，今日の経済的格差のなかでは，子どもの学びと育ちを支える「セーフティネット」の役割をも果たしている。

　どんな地域に住んでいても，どんな状況下にあっても，その子どもにふさわしい本（読書材・学習材）を届ける。とくに子どもにとって最も身近な学校図書館を通して本を届ける。そのことは，子どもの成長・発達の権利を充足し，民主主義社会の主人公を育てることでもある。本の力は，学ぶ力，育つ力である。その「力」は学び（授業）を変えることにより，学校そのものを変えていく。そうした変化を生み出す要に学校図書館がある。

　しかし今日，学校図書館では資料の整備は不充分である。文部科学省の調査によると，文部省（当時）が1993年に設定した「学校図書館図書標準」

の達成率は，2015年度末で小学校：66.4％，中学校：55.3％である。「標準」設定後約4半世紀を経てなお60％前後である。読書と学習を実質化する資料そのものの整備が不十分なのである。

②「人」の問題

　「人」の問題も同様である。「11学級以下」の学校への司書教諭の配置は義務化されていない。文部科学省の調査によると，司書教諭の発令および学校司書の配置がされていない学校は，小学校：3315校（16.6％），中学校：1974校（19.2％），高等学校：428校（8.7％）である（2018年10月13日）。そして，人と学校図書館の利活用との間には相関関係がある。ある調査報告書（株式会社浜銀総合研究所「高校生の読書に関する意識調査報告書」）によると，司書教諭を「配置している」学校では学校図書館を「ほとんど利用しない」割合は61.0％だが，「配置していない」場合は72.6％に上昇する。10％以上の開きである。また学校司書の雇用形態も大きく影響している。学校司書が常勤・非常勤両方の場合には学校図書館を「ほとんど利用しない」割合は48.2％だが，配置されていない場合は69.9％である。20％の開きである。

　人の配置は，学校図書館が「使いやすく」なる大きな要因でもある。人のいる学校図書館は，何よりも開館時間が長くなる。昼休みだけではなく放課後や中休みにも開館できる。そうした図書館は図書館機能が発揮され図書館サービスを展開しやすい条件が整う。そして，当然にも「利用者数，貸出冊数が増加する」「レファレンスサービスができるようになる」。そして「学習に必要な資料が揃うようになる」。人の配置は，図書館サービスの質や量に大きな影響を与える。

③教育行政の課題

　「資料」と「人」の整備を通して，子どもを育てることは，各自治体の大きな責務でもある。それだけに「学校図書館の現代化」という課題は，この2点の条件がどれだけ整備されるかと深くかかわっている。そして，この2点の条件整備は，個別学校におけるカリュキュラム・マネジメントが及びにくい分野でもある。資料の配備も人の配置も国や自治体の政策に大きく依存している。それゆえ「学校図書館の現代化」の実現に際しては，教育行政に

大きな期待が寄せられる。

（渡邊重夫）

〈注〉

（注1）『新教育指針』は『戦後教育改革構想Ⅰ期二』日本現代教育基本文献叢書，（日本図書センター，2000年）に所収されている。

（注2）前掲『新教育指針』　p.6-7

（注3）同書　p.7

（注4）高村象平「教育課程改訂の考え方—答申の主張は『急がば回れ』方式—」「朝日新聞」1976年12月31日

（注5）厚生労働省「平成29年（2017）人口動態統計（確定数）の概況」（https://www.mhlw.go.jp/toukei/saikin/hw/jinkou/kakutei17/index.html［2018年10月28日現在参照可］）

（注6）厚生労働省「労働力調査（基本集計）平成29年（2017年）平均（速報）結果の要約」（https://www.stat.go.jp/data/roudou/sokuhou/nen/ft/index.html［2018年10月28日現在参照可］）

（注7）総務省統計局「労働力調査」（2018.2.15）（https://www.stat.go.jp/data/roudou/sokuhou/nen/dt/pdf/index1.pdf［2018年10月28日現在参照可］）

（注8）厚生労働省「平成28年度 全国ひとり親世帯等調査結果の概要」（https://www.mhlw.go.jp/file/04-Houdouhappyou-11923000-Kodomokateikyoku-Kateifukishika/0000188136.pdf［2018年10月28日現在参照可］）

（注9）厚生労働省「平成28年　国民生活基礎調査の概況」（https://www.mhlw.go.jp/toukei/saikin/hw/k-tyosa/k-tyosa16/index.html［2018年10月28日現在参照可］）

（注10）唐澤富太郎『教科書の歴史—教科書と日本人の形成』創文社　1956年　p.515

（注11）文部省編『初等科国語七　教師用』日本書籍株式会社　1943年　p.7-8

（注12）最高裁判決（1976年5月21日）「判例時報」第814号　判例時報社　p.33。判決は「旭川学力テスト事件」の上告審判決である。

（注13）東京地裁判決（1970年7月17日）「判例時報」第604号　判例時報社　p.29。判決は「教科書裁判（家永裁判）」第二次訴訟の第一審判決である。

（注14）文部省編『学校図書館の手引』師範学校教科書　1948年　まえがき

（注15）深川恒喜「「学校図書館の手引き」編集の前後」『学校図書館』第210号

全国学校図書館協議会 1969年 p.49

（注16） 前掲『学校図書館の手引』p.4

（注17） 佐野友彦「『学校図書館憲章』の制定にあたって」『学校図書館』第493号，
全国学校図書館協議会 1991年 p.48-49

（注18） 松尾弥太郎「『学校図書館法』が生まれるまで」「学校図書館」第34号，
全国学校図書館協議会 1953年 p.22

（注19） 全国学校図書館協議会編『学校図書館基準―解説と運営―』時事通信社
1950年 p.5

（注20）「学校図書館法の制定をめざして」『学校図書館』第29号 全国学校図書
館協議会 1953年 p.9

（注21） 学校図書館法の成立を報じた「文部広報」（第50号，文部省，1953年）には，
「付則第2項で『当分の間置かないことができる』と規定された。そこで事務的
には，ほぼ10年間で将来の学校増を見こんでこの講習を進める計画を研究中で
ある」との解説がある（p.2）。

（注22） S.R. ランガナタン著，森耕一監訳，渡辺信一，深井耀子，渋田義行共訳『図
書館学の五法則』日本図書館協会 1981年 p.79

# 第II章　学校図書館の法と行政

## 1　学校図書館をめぐる法体系

　法治国家である日本において，私たちの日常生活はおびただしい数の法律によってコントロールされ，社会の秩序と安寧が保たれている。公教育である学校教育も同様である。「教育は，不当な支配に服することなく，この法律（筆者注：教育基本法）及び他の法律の定めるところにより行われるべきもの」という代表的な法規定がある。戦後日本においては，法律主義による教育行政が実施されてきた。学校図書館行政も法律にもとづき執行される。以下，教育基本法をはじめ，さまざまな関連法規に言及しながら，学校図書館を取り巻く法体系を概説する。

　日本における唯一の立法機関である国会において制定された各法律にもとづき，おびただしい数の政令や省令が発布される。行政機関である各中央省庁からの通知を通して，各々の法令の行政解釈，運用の施行等に関する事項などが伝達される。地方公共団体（地方自治体）においては，当該自治体の議会の立法行為によって，各種の条例が制定される（図表2－1）。

　教育行政の執行機関であるが，国は文部科学省，地方公共団体（地方自治体）は教育委員会という役割分担がなされている（教育基本法第16条）。「文部科学省設置法（1999（平成11）年7月16日　法律第96号）」の第3条において，その任務が定められている。すなわち，それは「教育の振興及び生涯学習の推進を中核とした豊かな人間性を備えた創造的な人材の育成，学術及び文化の振興，科学技術の総合的な振興並びにスポーツに関する施策の総合的な推進を図るとともに，宗教に関する行政事務を適切に行うこと」である。一方，「地方教育行政の組織及び運営に関する法律（1956（昭和31）年6月30日　法律第162号）」の第1条の2において，「地方公共団体におけ

図表2－1　日本における法規の基本構造

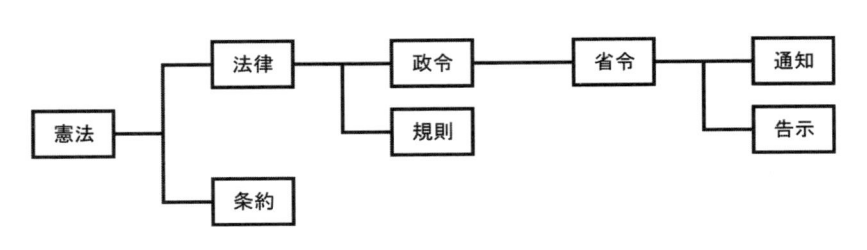

下村哲夫『教育法規の解釈と運用』（ぎょうせい，1983年）のp.28の図を基に作成

る教育行政は，教育基本法（平成18年法律第120号）の趣旨に則り，教育の機会均等，教育水準の維持向上及び地域の実情に応じた教育の振興が図られるよう，国との適切な役割分担及び相互の協力の下，公正かつ適正に行われなければならない」と定めている。これが教育委員会の基本理念であり，任務である。

　天城が指摘するように，教育政策の基本は，憲法や教育基本法を前提とし，各種の教育関係法（学校図書館法など）が定立されるのが原則である[注1]。憲法が最高法規であり，すべての法律は憲法の内容に反した内容であってはならない。憲法に反する法律はすべて無効である。なお，条約については，憲法の下位に位置づけられるという解釈の法学者が多い。法規範としての効力を有する国際条約ではないが，「ユネスコ学校図書館宣言」（1999年11月26日　第30回ユネスコ総会採択）がある。同宣言において，「地方，地域，国の行政機関の責任として，学校図書館は特定の法令あるいは施策によって維持されなければならない」[注2]と謳われている。

　日本国憲法の条文において，図書館に関する直接的かつ明示的な規定は一切ない。しかし，学校図書館をはじめ，他の館種の図書館に関しても，それらが教育施設（学校教育および社会教育の施設）であることに鑑みると，憲法第26条1項の「教育を受ける権利（すべて国民は，法律の定めるところにより，その能力に応じて，ひとしく教育を受ける権利を有する）」が関係している。「教育を受ける権利」は子どもの学習権としてとらえなおすこと

ができる。すなわち、「子どもは、未来における可能性をもつ存在として、生まれながらにして学習によって人間的に成長する権利を有しており、この学習権を保障していくために、国は学校施設などの教育条件を積極的に整備しなければならず、（中略）憲法が教育を受ける権利を保障した」[注3] のである。なお、同法は、「教育の憲法」といわれている。

　教育基本法（2006（平成18）年12月22日　法律第120号）は、全18条で構成されている。戦後の占領期において制定された旧法（1947（昭和22）年3月31日　法律第25号）は、2006年に改正された。先述の「教育を受ける権利」は、教育基本法第4条「教育の機会均等」と相即不離の関係にある。「すべて国民は、ひとしく、その能力に応じた教育を受ける機会を与えられなければならず、人種、信条、性別、社会的身分、経済的地位又は門地によって、教育上差別されない」（同条）とされている。さらに、同法第16条では「国は、全国的な教育の機会均等と教育水準の維持向上を図るため、教育に関する施策を総合的に策定し、実施しなければならない」と謳われており、地方公共団体（地方自治体）も同様に、条件整備などの義務が課せられている。

　教育の機会均等の原則に則り、国および地方公共団体は、地域間における学校の施設・設備の格差を是正しなければならない。さらに、家庭の経済状況、居住の地域環境等がもたらす学齢期の子どもたちの情報格差（デジタルデバイド：digital divide）を解消すべく、情報環境の整備も学校設置者に課せられた任務である（学校図書館法第7条　【設置者の任務】）。

　ひるがえって、近年、社会のグローバル化の急速な進展にともない、日本の公立学校に就学する在日外国人の子どもが増加している。先述した「ユネスコ学校図書館宣言」の「学校図書館の使命」において、「学校図書館サービスは、年齢、人種、性別、宗教、国籍、言語、職業あるいは社会的身分にかかわらず、学校構成員全員に平等に提供されなければならない」[注4] と定めている。教育基本法第4条「教育の機会均等」に規定された「国民」の範疇には、在日外国人の子どもが含まれていない。しかし、日本の学校図書館がガラパゴス化しないためにも、「ユネスコ学校図書館宣言」にもとづき、

学校図書館サービスの対象から，彼ら（彼女ら）を排除してはならない[注5]。多文化共生社会に対応可能な学校図書館の包摂性が問われている。

　教育基本法においては図書館に関する言及がある（第12条2項　「国及び地方公共団体は，図書館，博物館，公民館その他の社会教育施設の設置，学校の施設の利用，学習の機会及び情報の提供その他の適当な方法によって社会教育の振興に努めなければならない」）。ただし，それは主として社会教育機関である公立図書館を意味しているが，「学校の施設の利用」と謳われており，学校図書館も含まれると解せられる。しかし実際には，地域住民に対して，学校図書館を一般開放していない学校が多数を占めている。文部科学省による全国調査（悉皆調査）によれば，2010年5月現在，学校図書館を地域開放している学校の割合は，小学校13.1%，中学校6.4%，高等学校8.7%となっている[注6]。社会教育の振興に資するための学校図書館の資源（蔵書など）も総じて十分とは言い難い。

　教育基本法は国の教育理念や基本的方針などを定めた法律である。図書館の理念および基本政策などを宣明するために制定され，全館種（国立国会図書館，公立図書館，私立図書館，学校図書館，大学図書館，専門図書館）を横断的に規定する図書館の基本法は，日本には存在しない。1980年代前半の日本では，「図書館事業基本法（仮称）」を議員立法で制定する動きがあったものの，当時の図書館界の強い反対があり，雲散霧消した。全館種を対象とした基本法制定による国家統制の弊害を当時の図書館界は警戒したのである。日本の場合，公立図書館も学校図書館（とくに公立学校に設置された学校図書館）も，それらの発展の成否は，国の図書館政策よりも，地方公共団体の自主的施策に左右されるところが大きいといえる。教育基本法の下位法令として，社会教育法（1949（昭和24）年6月10日　法律第207号）と学校教育法（1947（昭和22）年3月31日　法律第26号）がある。さらに，社会教育法の下位法令として，公立図書館・私立図書館を規定した図書館法（1950（昭和25）年4月30日　法律第118号）がある。図書館法の場合，公立図書館の設置は任意である。したがって，設置者である地方公共団体による条例の制定が不可欠である。一方，学校図書館の場合，次節で詳述する

学校図書館法において必置となっているので，条例の制定手続きは不要である。

　図表2−2で示すように，学校図書館法は学校教育法の下位法令としての位置づけである。わが国における学校図書館は，学校教育法第1条が規定する小学校，中学校，義務教育学校，高等学校，中等教育学校，特別支援学校において欠くことのできない施設・設備である（学校教育法施行規則第1条，学校図書館法第3条，小学校設置基準第9条，中学校設置基準第9条，高等学校設置基準第15条）。学校教育法施行規則第1条において，「学校には，その学校の目的を実現するために必要な校地，校舎，校具，運動場，図書館又は図書室，保健室その他の設備を設けなければならない」と定めている。なお，専修学校・各種学校に対して，学校図書館の設置義務は及ばない。

　戦前の日本では，学校図書館に関する法令は一切なく，大学図書館も含めて学校図書館と称する傾向が見受けられた。戦後の1953年に制定された学校図書館法では，大学および短期大学に設置された図書館を同法における学校図書館の範疇に含めていない。一方，学校教育法第1条が規定する学校（いわゆる「一条校」）の範疇に大学は含まれており，法律上，重層的で複雑な構造になっている。なお，大学図書館の設置根拠となる法令は大学設置基準であり，図書館法および学校図書館法のいずれも適用されない（短期大学の場合は短期大学設置基準）。大学図書館は，狭義の場合，四年制大学のみを指すことが多く，広義では短期大学，高等専門学校に設置された図書館も含む[注7]。

　学校教育法第5条において，「学校の設置者は，その設置する学校を管理し，

図表2−2　学校図書館をめぐる教育関連法規

日本国憲法 ─ 教育基本法 ─ 学校教育法 ┬ 小学校・中学校・高等学校設置基準
　　　　　　　　　　　　　　　　　　　├ 学校教育法施行規則
　　　　　　　　　　　　　　　　　　　└ 学校図書館法
　　　　　　　　　　　　　　　　　　　　　└ 学校図書館司書教諭講習規程

法令に特別の定のある場合を除いては，その学校の経費を負担する」という規定がある。これは「設置者管理主義」「設置者負担主義」を意味する。学校図書館をはじめとする学校施設，教職員は，学校の設置者（公立学校の場合，地方公共団体の教育委員会。私立学校の場合，学校法人）が管理し，同時に経費も負担することが同法で規定されている。近年，公務員の人件費削減のため，学校図書館業務を民間委託する公立学校の事例が増加している。その場合，司書教諭が行うべき業務を委託せずに，学校司書が行うべきと考えられる業務を主に委託する。受託先の企業の社員（非正規の契約社員で必ずしも司書の有資格者であるとは限らない）が学校図書館に勤務し，契約で定められた業務のみを遂行する。委託の場合，学校司書は校長の指揮監督下にないため，学校図書館運営上の支障が生じているという指摘もある。今後の民間委託の動向を注視すべきである。

　学校教育法第7条では，「学校には，校長及び相当数の教員を置かなければならない」とされ，同法第37条および第49条において，小学校および中学校における必置職種が列記されている（「校長，教頭，教諭，養護教諭，事務職員」）。一方，「副校長，主幹教諭，指導教諭，栄養教諭」は置くことができる職員である。置くことができる職員は，教育委員会の裁量で配置が可能である。ただし，「権限行使は行政庁の純粋な裁量行為ではなく，法令の趣旨に従い適正な権限行使を行うべき義務を負うもの」[注8]である。学校図書館の専門職員である司書教諭・学校司書に関しては，学校教育法において一切の定めがない。学校教育関連の現行法（基準や規則などを除く）において，学校図書館に配置される司書教諭・学校司書という二職種の専門職員を併記し，かつ両者に関する直接的・明示的な規定を有するのは学校図書館法のみである。

## 2　学校図書館法の目的と内容

　本節では，学校図書館法の逐条解説を行いながら，同法の目的と内容をみていく。

アメリカによる占領終了後，戦後初期の日本において学校図書館法（1953（昭和 28）年 8 月 8 日　法律第 185 号）は議員立法で成立した。1954 年の法施行後，5 回（1958 年，1966 年，1997 年，2001 年，2014 年）の法改正が行われ，現在に至っている。2014 年の法改正時，学校司書の法制化が実現した。理科室，音楽室，体育館など，多種多様な学校施設の中で，当該施設の運営等に関する定めを有する単独法があるのは学校図書館のみである。

　現在の学校図書館法は全 8 条と附則から構成されている。学校図書館法の制定当初，同法は短期的な教育振興法と考えられており，目的を達した場合，廃止されるべきという言説が見受けられた[注9]。しかし，国会において強い反対がなされ，同法廃止の動きは雲散霧消した。1954 年 4 月から学校図書館法が施行され，現在にいたっている。

　戦後日本において，学校図書館法と同時に制定された理科教育振興法（1953（昭和 28）年 8 月 8 日　法律第 186 号）なども教育振興法の性格を有する。産業教育振興法（1951（昭和 26）年 6 月 11 日　法律第 228 号），へき地教育振興法（1954（昭和 29）年 6 月 1 日　法律第 143 号）など，他の教育振興法と比較した場合，現在の学校図書館法は施行令をもっていない。

　以下，学校図書館法の本則をみていくことにする。

　第 1 条【目的】では，学校図書館法の目的を定めている。「学校図書館が学校教育において欠くことのできない基礎的な設備」（下線部は筆者）と規定した。戦後，占領期の日本において，アメリカからの強い影響を受けながら教育改革が実施されたが，その中で学校図書館の制度化がすすめられた。学校図書館法よりも先に，学校図書館の必置を謳った法令は学校教育法施行規則（1947（昭和 22）年 5 月 23 日　文部省令第 11 号）である。前節で述べたように，同規則第 1 条「図書館又は図書室，保健室その他の設備を設けなければならない」と定めている。一方，小学校設置基準（2002（平成 14）年 3 月 29 日　文部科学省令第 14 号）の第 9 条では，「校舎には，少なくとも次に掲げる施設を備えるもの」として，「図書室」が謳われている。以上のように，学校図書館法では「図書館」「設備」と表記されているにもかかわらず，学校教育関連のその他の諸法令では用語の統一がなされていな

い。「図書室」という用語の場合，専門職員が配置されていない設備をイメージしやすい。

　第2条【定義】において，学校図書館は「学校の教育課程の展開に寄与するとともに，児童又は生徒の健全な教育を育成することを目的として設けられる学校の設備」と規定されている。児童生徒の探究的な学習活動や自主的な読書活動に対する支援などが学校図書館の任務である。

　先述したように，学校図書館法における「学校」の範疇は，小学校，中学校，義務教育学校，高等学校，中等教育学校，特別支援学校である。同条では「図書，視覚聴覚教育の資料その他学校教育に必要な資料」を「図書館資料」と定めているが，この範疇において，「電磁的記録」（図書館法第3条が規定する「図書館資料」の例示）を条文上，明示していない。事実，日本の学校図書館は，電子書籍などのデジタル資料を扱う館が少ない状況下にある。しかし，ネットワーク情報資源も含め，デジタル資料を学校図書館が扱う「図書館資料」として，学校図書館法等で明示することが必要であろう。

　第3条【設置義務】において，学校図書館の設置の義務化が定められている。第1条において，学校図書館を学校教育における不可欠な設備と位置づけた。それと関連して，同条を徹底すべく，設置義務化を謳っている。ただし，きわめて少数であるが，実際には，教室不足を理由として，学校の校舎内に図書館を設置しない場合もありうる。なお，設置義務を履行しない学校および学校設置者に対する罰則規定は設けられていない。

　第4条【学校図書館の運営】の1号において，「児童又は生徒及び教員の利用に供する」と規定し，学校の構成員に対する利用者サービスについて定めている。その他，同条2項では，「学校図書館は，その目的を達成するのに支障のない限度において，一般公衆に利用させることができる」とし，学校図書館と他機関との連携協力を定めている。これと関連して，学校教育法第137条においても，「学校教育上支障のない限り（中略），学校の施設を社会教育その他公共のために，利用させることができる」と定めている。地域住民に対する学校図書館の一般開放は，教育委員会または校長の判断によって可能である。なお，鳥取県東伯郡湯梨浜町のように，受付カウンターは別々

であるが，公立図書館と学校図書館が同一施設内に併設されている事例もある[注10]。

第5条【司書教諭】は，同教諭の必置に関する規定であり，「学校には，学校図書館の専門的職務を掌らせるため，司書教諭を置かなければならない」と定められている。法令用語の「掌る（つかさどる）」の意味であるが，一般的には以下のように解釈されている。「公の機関またはその職員が，一定の仕事を自己の担当事項として処理することをいう」[注11]。司書教諭が学校図書館の館長を務めることは可能である。ただし，2016年に文部科学省が通知した「学校図書館ガイドライン」（後述）では，校長が館長の役割を果たすことが期待されている。学校図書館法の本則では司書教諭の必置が定められているが，附則の規定により，11学級以下の学校においては同教諭の配置が免除・猶予されている。1997年5月，学校図書館法改正の際，参議院文教委員会において，司書教諭を必置とする具体的な学級数に関して辻村哲夫文部省初等中等教育局長（当時）は以下のように答弁した。「小中学校を通しまして12学級以上18学級以下を標準とするというような学級の適正規模の規定もございますので，こういった規定等を勘案しつつ検討をしていきたいと思っておりますが，1つの目安としてこの12学級というようなものも考えられる」[注12]。この答弁における「規定」とは，具体的には学校教育法施行規則第41条，同規則第79条を指している。地域によっては，同規則で定められた標準学級数を満たさない小規模校も数多く存在している。教育基本法第4条「教育の機会均等」の原則に照らして考えた場合，12学級未満の学校に司書教諭を配置しない施策は，これに反すると解せられる。

司書教諭の発令については，公立学校の場合，各地方公共団体の教育委員会の同委員会規則において定め，発令手続き（発令者）を明確化することが求められる。また，「教諭をもつて充てる」の法令上の意味であるが，教諭を「特定の職や地位に人をあてはめる」[注13]という職務命令であり，必ずしも兼務とは限らない。専任司書教諭の配置も教育委員会の裁量で行うことが可能である。司書教諭の養成については，「司書教諭の講習を修了した者」と法定しているので，文部科学省が毎年夏期を中心に学校図書館司書教諭講

習を実施している。その他，文部科学大臣が認めた大学・短期大学では，省令が定めた学校図書館司書教諭講習科目に相当する科目を開講している。開講大学の状況であるが，2016 年度の文部科学省による調査によれば， 4 年制大学 199 校，短期大学 18 校である [注 14]。

　第 6 条【学校司書】において，司書教諭以外の専門職員について規定している。「専ら学校図書館の職務に従事する職員」を学校司書と定めている。法令用語の「従事する」であるが，「掌る」（学校図書館法第 5 条　司書教諭）と規定される「職員よりも下級の職員の職務内容を表す」[注 15] 場合，この語が多用される。あくまでも「掌る」「従事する」という職務内容を規定する法令用語から判断する限り，司書教諭よりも学校司書の方が下級職員という位置づけになっている。

　学校司書の配置は司書教諭と違い，努力義務である。努力義務の場合，その義務を怠り，法令違反しても罰則などの法的制裁が学校の設置者等に課せられない [注 16]。法律の条文上では主語が明確になっていないが，学校司書の配置に関する努力義務を課している対象は学校の設置者，すなわち地方公共団体または学校法人であると解釈できる。同条 2 項で「研修の実施その他の必要な措置を講ずるよう努めなければならない」と定めている。

　第 7 条【設置者の任務】は，学校図書館を擁する学校の設置者，すなわち地方公共団体および学校法人に課せられた条件整備の努力義務規定である。

　第 8 条【国の任務】については，現在の学校図書館法の場合，国の補助（公費支出）に関する条項が欠けている。1953 年の法制定時，経費に関する財政条項を本則で定めていた。しかし，後の法改正で当該条項は削除された。

　同条第 1 号において，「学校図書館の整備及び充実並びに司書教諭の養成に関する総合的計画を樹立すること」と定めている。これは，国すなわち文部科学省による学校図書館の計画行政に関する規定である。計画の策定には，執行機関の省庁のみならず，有識者で構成された審議会による専門性を担保した議論も必要である。1953 年制定時の学校図書館法において，文部大臣（当時）の諮問機関としての学校図書館審議会に関する条項があった。「学校図書館に関する重要事項」は当該審議会が文部大臣の諮問に応じて調査審議し，

同大臣に建議することが法定されていた。1956 年 7 月，学校図書館審議会は「学校図書館振興の総合的方策について」という答申を行うなど，審議会としての機能を果たしてきた。しかし，審議会に関する条項は 1966 年の学校図書館法の改正により，削除された。審議会に関しては「行政機関の隠れ蓑」という批判的言説があるが，「専門知識の導入と政策内容の正当性確保」[注17]という審議会行政の長所もある。近年では，「学校図書館担当職員の役割及びその資質の向上に関する調査研究協力者会議」「学校図書館の整備充実に関する調査研究協力者会議」などが文部科学省の審議会的機能を果たしてきたといえる。

　同法第 8 条第 2 号において，学校図書館の設置および運営に対して，「専門的，技術的な指導及び勧告を与える」ことも国の任務として明記されている。同条では地方公共団体の教育委員会の任務は明記していないが，各学校の学校図書館運営などに対する専門的指導・助言は，同委員会の指導主事の職務である。なお，2018 年 10 月，省内の組織再編にともない，文部科学省における学校図書館行政の所管事務は総合教育政策局地域学習推進課となった（文部科学省組織令第 30 条）。ただし，司書教諭・学校司書の養成に関する所管事務は同局教育人材政策課の扱いである（文部科学省組織令第 28 条）。従来の縦割り行政の弊害を克服すべく，図書館法で定める司書の養成と，学校図書館法で定める司書教諭・学校司書の養成に関する事務を同一部局で扱うことになった。

　2014 年の学校図書館法改正時において，学校司書の法制化が実現し，司書教諭と同じく法的根拠を有する学校図書館の専門職員となった。同年改正時の附則において，「国は，（中略）この法律の施行後速やかに，新法の施行状況等を勘案し，学校司書としての資格の在り方，その養成の在り方等について検討を行い，その結果にもとづいて必要な措置を講ずるものとする」と定められた。検討の結果，学校司書に関する国家資格の創設に関しては実現されなかった。文部科学省は，「地方分権推進計画」（1998 年 5 月 29 日閣議決定）における以下の内容を根拠として，学校司書という新しい資格（任用資格）の創設を見送った。「職員（筆者注：地方公務員）が，職務に関係す

る一定の学歴・経験年数を有することや一定の講習を受けることは望ましいことではあるが，このような基準は本来任命権者において判断されるべき職員の基本的能力や習熟度を示すものであることから，職に就くための資格として全国的に一律に義務づけを行うことは，国民の生命・健康・安全にかかわる，法令で定める専門的な講習を除き，適当ではなく，これを存置する場合にはガイドラインとする」[注18]。この公文書はあくまでも地方公共団体に任用された公務員を対象としている。学校司書に関しては私立学校に勤務する職員も存在する。この現状に鑑みると，先述の「地方分権推進計画」は学校司書の国家資格化を見合わせるための妥当な根拠であるとは言い難く，合理性を欠いている。学校司書の養成に関する文部科学省の政策的対応であるが，全国の地方公共団体や大学等に対して，「学校司書のモデルカリキュラム」（28 文科初第 1172 号　2016（平成 28）年 11 月 29 日）を通知した。文部科学省が示した所定の科目群を履修した者に対して，開講大学が履修証明書を発行する。これをもって国家資格に代替する制度としたのである。

# 3　学校図書館の関連法令

　単独法である学校図書館法以外で，学校図書館に関連する主な法令を以下解説する。

## （1）子どもの読書活動の推進に関する法律

　「子どもの読書活動の推進に関する法律（2001 年（平成 13 年）12 月 12 日法律第 154 号）」は，超党派の「子どもの未来を考える議員連盟」のメンバーらの議員立法によって成立した。現在の日本の法律において，その名称に「子ども」「読書」という両方の文言を含む教育法規は，「子どもの読書活動の推進に関する法律」以外に存在しない。山口が指摘するように，「読書というきわめて人間の内面的な行為に法律が関与すること自体，近代法にあっては異例のことである」[注19]。そのため，同法制定時の衆議院文部科学委員会において附帯決議が行われた。それは以下の通りである[注20]。

政府は，本法施行に当たり，次の事項について配慮すべきである。

1　本法は，子どもの自主的な読書活動が推進されるよう必要な施策を講じて環境を整備していくものであり，行政が不当に干渉することのないようにすること。

2　民意を反映し，子ども読書活動推進基本計画を速やかに策定し，子どもの読書活動の推進に関する施策の確立とその具体化に努めること。

3　子どもがあらゆる機会とあらゆる場所において，本と親しみ，本を楽しむことができる環境づくりのため，学校図書館，公共図書館等の整備充実に努めること。

4　学校図書館，公共図書館等が図書を購入するに当たっては，その自主性を尊重すること。

5　子どもの健やかな成長に資する書籍等については事業者がそれぞれの自主的判断に基づき提供に努めるようにすること。

6　国及び地方公共団体が実施する子ども読書の日の趣旨にふさわしい事業への子どもの参加については，その自主性を尊重すること。

　2013 年，島根県松江市教育委員会事務局による漫画『はだしのゲン』の学校図書館における閲覧制限が社会問題となった。附帯決議自体に法的拘束力はないが，上記の決議は，学齢期の子どもたちの読書の自由を尊重し，かつ自主的な読書活動のあり方を考える際，大いに参照されるべきである。

　子どもの読書活動の推進に関する法律は，本則 11 か条および附則で構成されている。同法の本則を解説するよりも先に，附帯決議に言及したが，以下，主な条文をみていくことにする。

　第 1 条において，まず目的が定められている。子どもの読書活動推進の施策を策定する際，基本理念を定め，国・地方公共団体の責務を明確にすることが謳われている。

　第 2 条では，この法律における「子ども」の定義についてふれている。「お

おむね18歳以下の者」を「子ども」とし，すべての子どもの自主的な読書活動を推進できる環境整備の推進が定められている。

　第8条では，国（政府）に対して，「子ども読書活動推進基本計画」の策定が義務として課せられている。国（政府）としておおむね5年に一度，当該計画を策定してきた。近年の文部科学省は，とくに高校生の読書離れ（活字離れ）を問題視しており，同省は諮問機関として，「子供の読書活動推進に関する有識者会議（2017年7月13日から2018年3月31日まで）」を発足させた。審議の結果，2018年に同会議は報告書をまとめ公表した。「スマートフォンの普及や，それを活用したSNS（ソーシャルネットワーキングサービス）等コミュニケーションツールの多様化等，子供を取り巻く情報環境が大きな変化を見せており，これらは子供の読書環境にも大きな影響を与えている可能性がある。これらについて，国は，計画の実施期間中にこうした読書活動の変化に関する実態把握とその分析等を行う必要がある」[注21]とし，当該報告書で提言した。

　第9条では，地方公共団体に対して，「子ども読書活動推進基本計画」の策定が努力義務として課せられている。国は計画の策定が義務ではあるが，地方公共団体の場合，義務化になっていない。

## （2）文字・活字文化振興法

　「文字・活字文化振興法（2005（平成17）年7月29日　法律第91号）」は，先述した学校図書館法や子どもの読書活動の推進に関する法律と同じく議員立法で成立した。本則12か条および附則で構成されており，以下，主な条文をみていくことにする。

　第1条において，同法の目的および基本理念が定められている。「文字・活字文化が，人類が長い歴史の中で蓄積してきた知識及び知恵の継承及び向上，豊かな人間性の涵養並びに健全な民主主義の発達に欠くことのできないもの」と謳われている。「図書館は民主主義の砦」と称されるように，文字・活字文化も同様に民主主義の発達に寄与している。同法は，子どもの読書活動の推進に関する法律と相即不離の関係にある。

第8条第2項では，学校図書館の整備充実が謳われている。「司書教諭及び学校図書館に関する業務を担当するその他の職員の充実等の人的体制の整備，学校図書館の図書館資料の充実及び情報化の推進等の物的条件の整備等に関し必要な施策を講ずるものとする」と定めている。同法の条文では，学校司書という用語は一切使われていない。ただし，学校図書館法と同様に，学校司書の配置促進を定めた法的根拠と解せられる。

第11条第2項で毎年10月27日を「文字・活字文化の日」と定めたが，これは読書週間の開始時期に合わせたものである。

第12条では，国および地方公共団体の責務として，文字・活字文化の振興のための財政的な措置について定めている。今後，日本における慢性的な出版不況にさらなる拍車がかかる可能性がある。諸外国で実施されているように，出版物に対する軽減税率の導入など，実効性のある国の施策が不可欠である。

## （3）著作権法

児童生徒による調べ学習，司書教諭・学校司書による読み聞かせ，授業準備のための教員の教材研究など，学校教育におけるさまざまな場面において，数多くの公表された「著作物」が頻繁に利用されている。その際，「著作物」の利用者は著作権法（1970（昭和45）年5月6日　法律第48号）を遵守しなければならない。この場合の「著作物」とは，「思想または感情を創作的に表現したものであって，文芸，学術，美術または音楽の範囲に属するもの」（著作権法第2条第1項第1号）である。

著作権法第31条において，「図書館等における複製」に関する諸規定がある。「調査研究の用に供する」「公表された著作物の一部分」などの諸要件を満たせば，著作者（権利者）からの事前許諾を得なくても，図書館において所蔵資料の著作物を複製することが可能である。ただし，同法第31条の「図書館その他の施設」の範疇に学校図書館は含まれていない（著作権法施行令第1条の3）。そのため，一般的には著作権法第35条「学校その他の教育機関における複製」の規定が適用される。2003年の法改正によって，授業の

過程において，「教育を担任する者」のみならず，「授業を受ける者」も著作物の複製行為が可能となった。学校司書など，授業を支援・補助する立場の学校職員が複製行為を実施する場合，あくまでも授業内使用が目的で，法律的な主体が「教育を担任する者（教員）」または「授業を受ける者（児童生徒）」である限り，当該行為も許されると解せられる [注22]。

　インターネット社会の発展により，著作権法は頻繁に改正されている。最近では，2018 年 5 月に同法が改正された（2019 年 1 月施行）。学習者（児童生徒）が自宅などの教室外の場所において，インターネット経由で公衆送信されたデジタル教材を使って同時に学習（予習・復習）する際，著作者（権利者）の利益を不当に侵害しないという条件を満たせば，この法改正によって，情報通信技術を活用した教室外の場所における児童生徒の主体的な学習が促進され，「反転授業（flipped classroom）」[注23]を実施し易くなる。さらに，著作権法に関連する新しい動向として，環太平洋パートナーシップ協定（Trans-Pacific Partnership Agreement：TPP）が 2018 年 12 月 30 日に発効した。それにともない，日本においても，原則として，著作権の保護期間が著作者の死後 50 年から 70 年へ延長されることになった。

## （4）その他

　「ユネスコ学校図書館宣言」において，「通常の図書館サービスや資料の利用ができない人々に対しては，特別のサービスや資料が用意されなければならない」[注24]と謳われている。この宣言は法的拘束力をもたないが，特別な教育的ニーズのある児童生徒に対して，学校図書館サービスを等しく実施する必要があることを明示している。

　学校図書館をはじめ，図書館に限定した法令ではないが，「障害を理由とする差別の解消の推進に関する法律（2013（平成 25）年 6 月 25 日　法律第65 号：以下「障害者差別解消法」）が 2016 年 4 月から施行された。第 1 条において，同法の目的が謳われている。「行政機関等及び事業者における障害を理由とする差別を解消するための措置等を定めることにより，障害を理由とする差別の解消を推進し，もって全ての国民が，障害の有無によって分

け隔てられることなく，相互に人格と個性を尊重しあいながら共生する社会の実現に資することを目的とする」。この法律における「行政機関等」には公立学校が含まれるし，「事業者」には私立学校も含まれる。同法第7条第2項において，「行政機関は（中略）当該障害者の性別，年齢及び障害の状態に応じて，社会的障壁の除去の実施については必要かつ合理的な配慮をしなければならない」と定めている。同様に，第8条第2項において，合理的配慮の提供について，事業者に関しては努力義務が課せられている。「障害者差別解消法」のキーワードである「社会的障壁」「合理的配慮」という行政用語をどのように学校図書館関係者が解釈し，実効性のある図書館サービスを実施すべきかが問われている。「障害者の権利に関する条約（2014（平成26）年1月22日　条約第1号）」において，「合理的配慮」は以下のように定義されている。「障害者が他の者との平等を基礎として全ての人権及び基本的自由を享有し，又は行使することを確保するための必要かつ適当な変更及び調整であって，特定の場合において必要とされるものであり，かつ，均衡を失した又は過度の負担を課さないものをいう」（日本政府公定訳）。インクルーシブ教育[注25]の推進により，障害のある児童生徒（とくに義務教育段階）の多くは，特別支援学校ではなく，通常の小学校・中学校において学んでいる事実を直視する必要がある。また，障害の有無を問わず，特別な支援が必要とされているさまざまな児童生徒に対する特別支援教育の重要性が指摘されている。

　その他，学校図書館と関連する現行法として，「障害のある児童及び生徒のための教科用特定図書等の普及の促進等に関する法律（2008（平成20）年6月18日　法律第81号）」がある。

# 4　学校図書館の基準・規則など

## （1）学校図書館基準

　学校図書館をはじめ，図書館に関する基準は一般的に以下のような種類（類

型）をあげることができる<sup>(注26)</sup>。

　①国の機関が定めた基準と民間団体で定めた基準
　②全国的規模で定めた基準と地域的規模で定めた基準
　③図書館を構成する要素である資料・職員・施設・設備のほか，運営方
　　法など，全般にわたって規定した総合的基準と，例えば，施設・設
　　備など，特定事項について規定した部分的基準
　④図書館として在るべき理想的な姿を示した望ましい基準と図書館の現
　　状からみて最低の線を示した最低基準
　⑤数量的記述を主とした数量的基準と図書館の理念・基本原則・職員の
　　資質や資格要件・奉仕内容と方法などを中心とした質的基準
　⑥国・地方公共団体の補助金交付と関係のない指導基準と補助金交付の
　　よりどころとなる交付基準

　学校図書館法制定後，文部省（当時）が定めた学校図書館基準は，法令上
の基準（法的拘束力を有する基準）ではない。あくまでも文部省（当時）が
定めた行政指導上のガイドラインである。学校図書館基準は学校図書館の理
想的な姿を示した基準であり，補助金交付と関係ない指導基準である。
　学校図書館基準は，1949年に学校図書館協議会（官制の協議会であり，
民間の全国学校図書館協議会とは別組織）が案を作成し，文部大臣（当時）
に答申したものである。答申が行われた時点では（案）であった。1959年
に（案）がとれて，正式な基準となった。ただし，内容の改訂が一度も行わ
れないまま，今日に至っている。
　学校図書館基準には，専任司書教諭の配置基準が明記されており，「児童・
生徒数450人以上の場合には専任を1人置く」と定めている。兼任司書教諭
の配置の場合，「担当授業時間数は，週10時間以下とする」となっており，
授業時間の軽減措置について定めている。学校司書という職名ではないが，
事務職員の配置についても言及しており，「児童・生徒数900人未満の学校
では専任を1人，1,800人未満の場合は2人，それ以上の場合は3人を置く」

と定め，司書教諭との二職種配置を前提した職員体制（職員構成）を定めている。

## （2）学校図書館図書標準

1993 年に文部省（当時）は学校図書館図書標準を制定した。これは学校図書館基準と同じく，法令上の基準（法的拘束力を有する基準）ではなく，行政指導上のガイドラインである。公立・私立を問わず，義務教育段階の小学校・中学校・特別支援学校（高等部を除く）の学校図書館を対象に，備えるべき蔵書冊数を具体的な数値基準として規定した。計算式にもとづき，学級数に比例して蔵書冊数の最低基準数を定め，例えば，12 学級（法令上の司書教諭必置の基準となる最低学級数）を有する学校の場合，小学校 7,960 冊，中学校 10,720 冊となる。この基準の達成状況であるが，著しい地域間格差がある[注27]。なお，この標準では，高等学校の学校図書館については数値基準を一切設けていない。

現在，国は学校図書館を整備充実させるための財政措置として，2017 年度から 2021 年度まで「学校図書館図書整備等 5 ヶ年計画」を実施している。「学校図書館図書標準」が定めた蔵書冊数（数値目標）を達成することを目的としているが，地方交付税交付金としての財政措置なので，各地方公共団体に配分されても一般財源として組み込まれ，学校図書館の図書購入以外の公共事業に使用される可能性が十分にある。

## （3）学校図書館ガイドライン

先述した学校図書館基準の場合，専任司書教諭の配置基準など，先進的な内容を有する一方，既に古くなった内容も含まれており，基準の見直しが必要であった。2014 年の学校図書館法改正後，文部科学省は「学校図書館の整備充実に関する調査研究協力者会議」を設置した。その会議の中で，「学校図書館の整備に全国的な格差があり，その標準化が必要」[注28]という指摘を受けて，時代に即した新基準となりうる「学校図書館ガイドライン」の作成がすすめられた。学校図書館基準と同様に，学校図書館ガイドラインに

も法的拘束力はない。2016（平成 28）年 11 月の文部科学省初等中等教育局長による通知「学校図書館の整備充実について」（28 文科初第 1172 号　平成 28 年 11 月 29 日）の中で，同省は「学校図書館ガイドライン」と「学校司書のモデルカリキュラム」（次節）を明記した。

　「学校図書館ガイドライン」は 7 つのパートで構成されている。最初に，学校図書館の 3 つの機能として，「読書センター」「学習センター」「情報センター」が列挙されている。さらに，ガイドラインでは校長の役割について以下のように述べている。「校長は，学校図書館の館長としての役割も担っており，校長のリーダーシップの下，学校経営方針の具現化に向けて，学校は学校種，規模，児童生徒や地域の特性などもふまえ，学校図書館全体計画を策定するとともに，同計画にもとづき，教職員の連携の下，計画的・組織的に学校図書館の運営がなされるよう努めることが望ましい。例えば，教育委員会が校長を学校図書館の館長として指名することも有効である」[注29]。

　実効性のある基準にするためには，何よりも当該ガイドラインに対する教育委員会の理解が不可欠であり，校長自身も同様である。

　学校図書館基準と違って，具体的な数値目標（数値基準）は設定されていないが，日本全国の学校図書館の標準化を目指すべく，望ましい指針（あり方）を定めている。

## （4）学校司書のモデルカリキュラム

　先述したように，文部科学省は，学校司書という新しい国家資格（任用資格）を創設しない代わりに，同省が示した所定の科目群を履修した者に対して，開講大学が履修証明書を発行することになった。2016 年に文部科学省が通知した「学校司書のモデルカリキュラム（以下「モデルカリキュラム」）」に関する同省の公式見解であるが，「学校司書が学校図書館で職務を遂行するにあたって，履修していることが望ましいものとする」（「これからの学校図書館の整備充実について（報告）」）と述べている。あくまでも「望ましい」というのが同省の立場であり，学校図書館の専門職員としての必須の資格要件ではない。

モデルカリキュラムにもとづく養成が 2017 年度から，司書課程・司書教諭課程を有する一部の大学・短期大学で開始された。モデルカリキュラムの場合，司書課程・司書教諭課程と違い，文部科学省への届出が必要とされない。モデルカリキュラムは省令で定められておらず，通知である。モデルカリキュラムの場合，既存の司書資格科目と司書教諭資格科目の読み替えが可能な科目も複数含まれている。新規科目として「学校図書館サービス論」があり，これは既存の司書資格科目と読み替えができないモデルカリキュラム固有科目である。モデルカリキュラムに示された科目と単位数はあくまでも最低基準である。科目等履修生の制度を活用した現職者に対するリカレント教育など，特色ある学校司書の養成教育が期待される一方，質保証のあり方が今後の課題となっている。モデルカリキュラムに示された各科目の授業内容の質，修了者の学修成果の質などに関して，各々の開講大学による内部質保証が求められる。なお，兵庫県神戸市教育委員会の場合，2018 年度の学校司書の採用から，モデルカリキュラム修了者を応募資格の 1 つとして募集要項に明記した（モデルカリキュラム修了者ではない場合，司書資格でも応募可）。従来，学校司書を採用する側（地方公共団体や学校法人）は，図書館法にもとづく司書資格（または司書補資格）を応募者に求める事例が多数を占めてきた。今後は，神戸市教育委員会のような対応が任命権者である各地方公共団体の教育委員会や学校法人に求められる。

（安藤友張）

〈注〉

(注 1 )　天城勲『教育法規解説』第一法規　1971 年　p.12

(注 2 )　長倉美恵子・堀川照代訳「ユネスコ学校図書館宣言：すべての者の教育と学習のための学校図書館」解説教育六法編修委員会『解説教育六法 2018　平成 30 年版』三省堂　2018 年　p.634

(注 3 )　広沢明「13　教育をうける権利・学習権」結城忠編『教育法規重要用語 300 の基礎知識』明治図書　2000 年　p.45

(注 4 )　前掲「ユネスコ学校図書館宣言：すべての者の教育と学習のための学校図

書館」p.634

（注5）「国際人権規約」の A 規約「経済的, 社会的及び文化的権利に関する国際規約」の第 13 条において,「教育についてのすべての者の権利を認める」と定めている。さらに, 同規約の B 規約「市民的及び政治的権利に関する規約」の第 19 条第 2 項において,「すべての者は, 表現の自由についての権利を有する。この権利には, 口頭, 手書き若しくは印刷, 芸術の形態又は自ら選択する他の方法により, 国境とのかかわりなく, あらゆる種類の情報及び考えを求め, 受け及び伝える自由を含む」と定めている。これらの規約に照らしても, 多文化共生社会における日本の学校教育及び学校図書館のあり方が問われている。

（注6）平成 22 年度（2010 年度）「学校図書館の現状に関する調査」の結果について（文部科学省）（http://www.mext.go.jp/a_menu/shotou/dokusho/link/1410430.htm［2019 年 5 月 8 日現在参照可］）。この調査は隔年で実施されてきたが, 平成 22（2010）年度を最後に「学校図書館の地域開放」に関する質問項目（調査項目）が廃止された。

（注7）「大学図書館」日本図書館情報学会用語辞典編集委員会編『図書館情報学用語辞典　第二版』丸善　2002 年　p.134

（注8）吉田利宏『新法令用語の常識』日本評論社　2014 年　p.50

（注9）深川恒喜「学校図書館法の発達史試論」『Library and Information Science』No.13　1975 年　p.19。学校図書館法の制定過程において, 当時の文部省は省内で「学校図書館振興法案要綱」を作成しており, 国会に上程する準備をすすめていた。以下の論文を参照。安藤友張「戦後初期（1952-1953）の日本における学校図書館法の成立過程：諸法案の特徴および比較考察を中心に」『日本図書館情報学会誌』第 59 巻第 2 号　2013 年 6 月　p.79-95

（注10）日本における学校（学校図書館）と公立図書館の複合施設の事例については, 以下の長澤によるレビューが詳しい。長澤悟「学校と公立図書館との複合施設」『カレントアウェアネス』No.338　2018 年 12 月　p.12-15

（注11）佐藤幸治［ほか］編修代表『コンサイス法律学用語辞典』三省堂　2003 年　p.1134

（注12）『第 140 回国会参議院文教委員会会議録　第 10 号』1997 年 5 月 8 日　p.5

（注13）角田禮次郎［ほか］編『法令用語辞典　第 10 次改訂版』学陽書房　2016 年　p.3

（注14）文部科学省「平成 28 年度　学校図書館司書教諭科目に相当する授業科目の開講等に係る実施状況一覧」（http://www.mext.go.jp/a_menu/shotoku/dokusho/shisyo/1349638.htm［2019 年 5 月 8 日現在参照可］）

（注 15）前掲『法令用語辞典　第 10 次改訂版』　p.562

（注 16）高橋和之［ほか］編集代表『法律学小辞典　第 5 版』有斐閣　2016 年　p.1033。同辞典の「努力義務」の項目によれば，「義務違反に対して（中略）行政指導の対象となることはある。努力義務が用いられる理由は多様であるが，規制を強制するになじまない事項の場合，あるいは，強制することが時期尚早な場合に用いられることが多い」と説明されている。

（注 17）松本直樹「日本における図書館法・政策の概要と特徴」『情報の科学と技術』第 59 巻第 12 号　2009 年 12 月　p.570

（注 18）「地方分権推進計画（閣議決定）　第 3　必置規制の見直しと国の出先機関の在り方」(https://www.cao.go.jp/bunken-suishin/archive/category02/archive-k.html ［2019 年 5 月 8 日現在参照可］)

（注 19）山口源治郎「構造的転換期にある図書館の法制度と政策　総論」日本図書館研究会編集委員会編『構造的転換期にある図書館：その法制度と政策』日本図書館研究会　2010 年　p.12

（注 20）『第 153 回国会衆議院会議録　第 20 号』2001 年 11 月 29 日　p.10

（注 21）「子どもの読書活動の推進に関する有識者会議　論点まとめ」(http://www.mext.go.jp/b_menu/shingi/chousa/shougai/040/attach/1402566.htm ［2019 年 5 月 8 日現在参照可］)

（注 22）著作権法第 35 条については，統一的で明解な法的解釈が存在していない。ただし，教員ではない図書館職員による複写行為について，以下の拡張解釈が適用可能と筆者は判断する。「先生の手足となって複製してくれる人，例えば配偶者とか親子とかあるいは大学の助手の人とかその辺までなら教育を担当する者等が複製するのと同様に考えてよいだろうと言われています。（中略）緊密な関係でもなく，上下関係もない図書館職員は全く別人格であり，そこまでは，この規定では許していないというのが一般的な解釈です。ただ，図書館職員が先生や生徒に頼まれた部分のみを複製するのであれば，その範囲内と考えてよいとする見解もあります。」（黒澤節男著『Ｑ＆Ａで学ぶ図書館の著作権基礎知識　第 4 版』太田出版　2017 年　p.146）

（注 23）「反転授業（flipped classroom）」とは，自宅において児童生徒が動画教材等を用いて事前学習し，対面による学校（教室内）の授業では，教員に対する質問や討論を中心に行う授業形態を意味する。佐賀県武雄市の公立小学校では，市長及び教育委員会の主導により，著作権法改正前の 2014 年度から「反転授業」が市内一斉に導入された。

（注 24）前掲「ユネスコ学校図書館宣言：すべての者の教育と学習のための学校図書館」p.633

（注 25）障害の有無を問わず，児童生徒がともに学ぶ教育。「インクルーシブ（inclusive）」を直訳すると，「包括的」「包み込む」などの意味がある。

（注 26）北嶋武彦「わが国における学校図書館基準に関する一考察」『東京学芸大学紀要　第 1 部門教育科学』第 29 集　1978 年 3 月　p. 1

（注 27）文部科学省は今まで隔年の頻度で「学校図書館の現状に関する調査」を実施してきた。この全国調査（悉皆調査）を通して，同省は都道府県別の学校図書館図書標準の達成率を公表している。2016（平成 28）年度の場合，校種別に見ると，全体で小学校 66.4％，中学校 55.3％であった。それぞれ 66.4％，55.3％であった。（http://www.mext.go.jp/a_menu/shotou/dokusho/link/1378073.htm ［2019 年 5 月 8 日現在参照可］）

（注 28）堀川照代編著『「学校図書館ガイドライン」活用ハンドブック　解説編』悠光堂　2018 年　p. 3

（注 29）「学校図書館ガイドライン」（http://www.mext.go.jp/a_menu/shotou/dokusho/link/1380599.htm ［2019 年 5 月 8 日現在参照可］）

〈参考文献〉

・日本図書館情報学会研究委員会編『図書館をめぐる法制度　シリーズ　図書館情報学のフロンティア　no. 2』勉誠出版　2002 年
・山本順一監修，安藤友張編著『図書館制度・経営論：ライブラリー・マネジメントの現在』ミネルヴァ書房　2013 年

# 第III章　学校の教育課程と学校図書館

## 1　学校の教育課程をめぐる法制度：「教育課程」とは何か

　第II章で述べたように，学校図書館の設置目的に関しては，「学校の教育課程の展開に寄与する（学校図書館法第2条）」という法規定がある。本章では，学校図書館が寄与する対象の中核となる「教育課程」の概念，「教育課程」をめぐる法制度，および「教育課程」の編成基準となる学習指導要領について最初に概説する。

　「教育課程」という用語は，教育行政上の法令用語である。「カリキュラム（curriculum）」の日本語訳として，「教育課程」を用いることが多いが，厳密に言えば，「カリキュラム」は学習者の学習経験も含めた教育学の専門用語である[注1]。「カリキュラム」は「教育課程」よりも広い概念である。また，教育社会学では，「隠れたカリキュラム（hidden curriculum）」や「潜在的カリキュラム（latent curriculum）」という概念がある。教育社会学の研究者は，児童生徒が日々の学校生活に適応する過程において，彼ら（彼女ら）が無意識に体得する価値や態度に着目する。それらを「隠れたカリキュラム」「潜在的カリキュラム」と称する。このカリキュラムは明示されておらず，公式に組織化された教育課程ではない。

　戦前の日本では，「教科課程」「学科課程」[注2]と称され，戦後になってから「教育課程」という用語に統一された。「教育課程」の定義であるが，一般的には以下のような説明がなされている。「学校教育の目的を実現するために，文化内容から選択した内容を児童生徒の心身の発達に応じて組織化・配列した教育内容の全体計画と活動」[注3]。

　学校教育法第33条において，「小学校の教育課程に関する事項は，第29条及び第30条の規定に従い，文部科学大臣が定める」と規定されている。

さらに，学校教育法施行規則第 52 条において，「小学校の教育課程について
は，（中略）教育課程の基準として文部科学大臣が別に公示する小学校学習
指導要領によるものとする」と定めている。中学校，高等学校の教育課程に
ついても法令による同様の定めがある（学校教育法施行規則第 74 条，第 84
条）。「○○によるものとする」という法令用語であるが，義務を表す「○○
によらなければならない」と同義であり，その表現を緩和する場合に用いる
（注4）。

　学校教育法第 33 条の規定であるが，2007（平成 19）年の同法改正前は「小
学校の<u>教科</u>に関する事項（下線部は筆者）」と定められていた。この改正理由・
趣旨は以下の通りである。「「教科」の上位概念である「教育課程」の決定を
本法施行規則（旧法施行規則第 24 条）で定めており，委任の範囲を逸脱し
ているという説があり，そうした疑問の余地を残さないためには改正の必要
が指摘されてきた。行政解釈としては，この場合の「教科」については，小
学校の目的と目標を実現するためには，教育学上の概念としての教科として
の教科だけでなく，教科以外の教育活動もそのうちに含むという解釈が示さ
れてきたが，平成 19 年改正は，そのことをより明確にしたものとしている」（注
5）。学校教育法の同条において，特別活動など，教科外活動も含む包括的な
概念としての「教育課程」を用いることになった。

　学校教育法第 33 条で言及している同法第 29 条は「小学校の目的」であり，
第 30 条が「小学校教育の目標」である。校種を問わず，教育課程は教育目
的と教育目標にもとづいて編成される。現在の同法第 30 条は，主体的な学
習態度の涵養を目指し，児童の知識活用能力・課題解決能力を育成する教育
目標が謳われている。「生涯にわたり学習する基盤が培われるよう，基礎的
な知識及び技能を習得させるとともに，これらを活用して課題解決するため
に必要な思考力，判断力，表現力その他の能力をはぐくみ，主体的に学習に
取り組む態度を養うことに，特に意を用いなければならない」と定められて
いる。この理念的かつ抽象的な教育目標が教育課程の編成過程や授業計画の
立案過程において，具現化されることになる。

　各学校において，学習指導要領にもとづき編成された教育課程は，教育委

員会への届出が必要とされる（「地方教育行政の組織及び運営に関する法律」の第21条の5および第33条第1項）。教育委員会によって，各学校の教育課程が管理されている。

学校教育法第1条が規定する学校（いわゆる「一条校」）は，教育課程編成においてさまざまな法的規制を強く受ける。とくに小学校，中学校，義務教育学校，中等教育学校，高等学校，特別支援学校においては，教育内容と教材に関して，学習指導要領に準拠し，かつ文部科学省検定済教科書の授業での使用が法的に義務づけられる。学習指導要領の国家基準性については，全国的に一定の教育水準を担保するという目的がある。しかし，各学校の教

図表3－1　教育課程の階層構造および展開過程

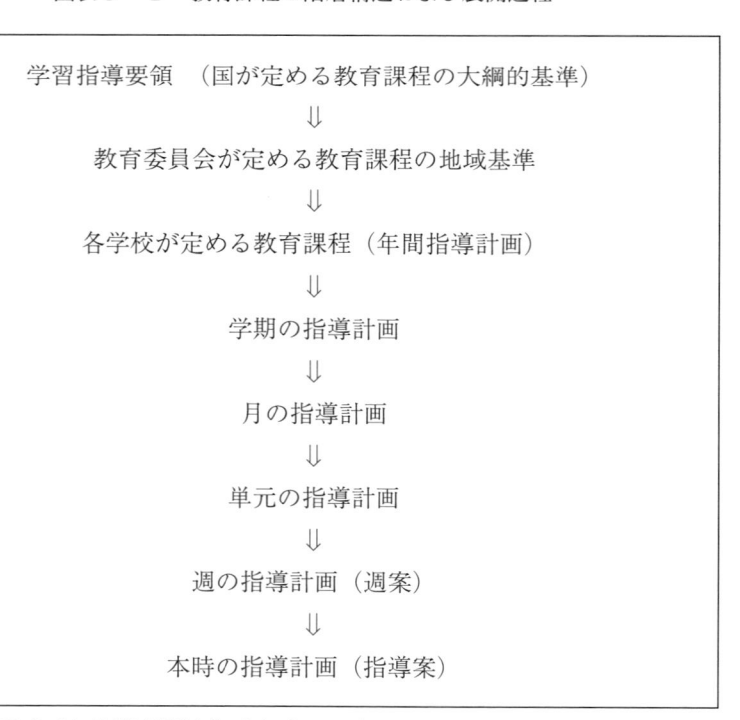

山田恵吾［ほか］著『教育課程を学ぶ』（ミネルヴァ書房，2019年）の p.32 の図を加筆修正

育実践において自由裁量の余地が全くないわけではない。文部科学省は次のように述べている。「各学校においては，国として統一性を保つために必要な限度で定められた基準に従いながら，創意工夫を加えて，児童や学校，地域の実態に即した教育課程を責任をもって編成,実施することが必要である」<sup>(注6)</sup>。例えば，「総合的な学習の時間」を最大限に活用し，地域の特性をふまえた教育実践が可能である。「キャリア教育（例 「将来の進路を考える」という単元)」の場合，ゲストティーチャーの招聘，職場体験，地域産業（地場産業）の学習，図書館資料を利活用した学習など，各学校の教職員による創意工夫が期待されている。なお，図表3－1は，日本の学校教育における一般的な教育課程の階層構造および展開過程である。

## 2　戦後日本における学習指導要領の変遷と学校図書館

　日本において，学習指導要領は約10年ごとに改訂がなされる。改訂の周期などに関して，とくに明確な法的根拠はない。学問の進歩，時代や社会の急速な変化に応じて，学校における教育内容の改訂が必然的に求められるのである。ただし，改訂されたばかりの最新の学習指導要領，およびそれに準拠して作成された文部科学省検定済教科書だからといって，諸学問の最新の研究成果を必ずしも反映しているとは限らない。多種多様な図書館資料を通して，すべての子どもたちに対して，「知の最先端」に接する機会を保障するのが学校図書館の果たすべき役割である。

　本節では,戦後日本における学習指導要領の主な変遷を概説する。同時に,各改訂時における同指導要領の学校図書館に関する記述等の変遷についてもみていくことにする。

　戦後初期（とくに占領期）の日本の教育改革において，そのバイブル的存在となった著作物が『アメリカ教育使節団報告書』である。学校図書館をはじめ，図書館の意義に関して，同書では以下のように述べている。「図書館，あるいは独学のためのその他の施設が重要な位置を占めるであろう。事実,教科書や口述筆記されたものの暗記をあまりに強調してきた今までのやり方

を打ち破る上での，もっとも良い方法の一つは，まったく異なった世界観を表明している書物や論文への接近の機会を与えることである」[注7]。さらに，同書ではカリキュラムについて，「単に一群の知識をそれ自体のために分与する目的で作られるべきものではない。それは生徒の興味から出発しなければならず，生徒たちがその意味を理解できる内容を通して，彼らの興味をさらに豊かにするものなければならない」[注8]とし，「中央政府当局と教師の協力の結果として作られる」[注9]と述べている。

文部省（当時）はアメリカからの勧告をふまえ，同国のコース・オブ・スタディ（course of study）を参考にしながら，戦後初めて，『学習指導要領一般編（試案）昭和22年度』を1947年3月に発行した。学校教育法および同施行規則の公布年月日（1947年3月31日および同年5月23日）よりも，学習指導要領の発行年月日（1947年3月20日）の方が早かった。そのため，必然的に学習指導要領は法的拘束力を持たない，文部省（当時）の公的文書となった。また，このタイム・ラグによって，学習指導要領は「試案」にならざるをえなかったともいえる。あくまでも「試案」という位置づけであった学習指導要領は，各学校において教員が授業（学習指導）を行う際の拠り所とされた。学習指導要領は，「天皇の命令に従う戦前の勅任官としての教師の「教師用書」とは明確に異なり，「子供の学習を指導する」教師のガイドになるものとしてつくられた」[注10]のである。

1947年の『学習指導要領　一般編（試案）昭和22年度』において，学校図書館に関する明示的かつ直接的な記述はない。しかし，学習環境としての学校設備について，以下のような説明がなされている。「これまでわが国の学校で行われていた指導法は，ともすると単純できまりきっていて，豊かな児童の生活の動きや，その地域の自然や社会の特性や，学校の設備などが生かされていないうらみがあった」[注11]。この指摘からわかるように，戦前の学校教育を反省し，学校図書館などの校内設備を活用した学習活動の積極的意義を文部省（当時）が指摘している。なお，『学習指導要領　一般編（試案）昭和22年度』においては，「教育課程」ではなく，「教科課程」が用いられており，次期（1951年）の学習指導要領から，「教科課程」という用語は使

われなくなった[注12]。

　以上述べてきた学習指導要領の特徴は，「教育課程の骨組みであって，主要な部分であるが，全てではない」「教育課程の「計画」ないし「方針・基準」に過ぎず，「実質」をもっていない」[注13]といえる。

　先述したように，1947（昭和22）年に出された，戦後初めての学習指導要領は文字通り，「試案」であった。さらに同年に出された最初の学習指導要領の特色として，「自由研究」の時間が設けられたことがあげられる。教科の範疇に含まれず，児童生徒の自主的かつ主体的な学習活動を促すことが志向されたのである。

　1949年に『学校図書館の手引』が刊行されたが，これを基に中等教育段階における学校図書館の質的基準を作成し，それが『新制中学校・新制高等学校　望ましい運営の指針』に所収された。「学校図書館に備えられている資料の種類は，学校の教育計画に適切なものであるかどうか」[注14]など，13項目の明文化された質的基準が設けられたのである。

　1950年に発行された文部省（当時）の定期刊行物『文部時報』（第880号）において，「日本における教育改革の進展」という特集が組まれた。その中で，「学校図書館は，単に課外読み物の提供場所にすぎなかったが，より広範な図書資料の活用を必要とする新しい教育にあっては，学校図書館こそは，カリキュラムを豊かにする中心機関である」（p.15）と指摘された。このように，1953年に学校図書館法が制定される前の時期において，文部省（当時）はカリキュラム，すなわち「教育課程」の編成や展開に寄与する学校図書館の重要性を強調したのである。

　以下，学習指導要領の変遷に関して，改訂時ごとに時系列でみていくことにする（図表3－2）。

図表3－2　戦後日本における学習指導要領の変遷

| 改訂年 | 主な内容と特徴 | 学校図書館関連の事項 |
|---|---|---|
| 1947年<br>（昭和22年） | 憲法・教育基本法にもとづく新しい教育課程（カリキュラム）の指針として，アメリカのコース・オブ・スタディを参考にしつつ，作成される。「試案」として表示され，これまでの「教師用書」のように１つの動かしがたいものではなく，教師の「手引き」として位置づけられる。「カリキュラム」「教育課程」ではなく，「教科課程」という用語で説明。 | 文部省による学校図書館関連の著作物『学校図書館の手引』（1948年）の発行。文部大臣諮問機関の学校図書館協議会が作成した「学校図書館基準（案）」（1949年）の公表。 |
| 1951年<br>（昭和26年） | 1947年の学習指導要領が緊急に作成されたので，その不備を補う目的で改訂。「自由研究」がなくなり，「特別教育活動」が登場する。「教科課程」から「教育課程」へ用語変更。 | 学習指導要領（試案）の「学習指導法と学習成果の評価」において，「学校図書館をじゅうぶんに活用することなどは，児童・生徒の経験を豊かにする上で欠くことができないであろう」という記述あり。 |
| 1955・56年<br>（昭和30・31年） | 1955年に小学校および高等学校社会科，翌年の1956年に中学校社会科の改訂。高等学校の学習指導要領（一般編）から，「試案」という表現が削除される。 | 学校図書館法の制定（1953年）および施行（1954年）。文部大臣諮問機関の学校図書館審議会の答申「学校図書館振興の総合方策について」（1956年）。 |
| 1958年<br>（昭和33年） | 『官報』に「文部省告示」として公示し，学習指導要領に法的拘束力があるという解釈を打ち出す。学習指導要領を教育課程の国家基準とする。道徳の時間を特設し，教育課程の編成を「教科」「特別教育活動」「道徳」「学校行事」の四領域とする。 | 学習指導要領の総則において，「学校図書館の資料や視聴覚教材等については，これを精選して活用する」と規定される。文部省『学校図書館運営の手びき』（1959年）の刊行。 |

| 1968 年<br>（昭和 43 年）<br>※中学校<br>　1969 年改訂<br>※高等学校<br>　1970 年改訂 | 教育内容の「現代化」をスローガンとし，小学校の算数において，集合などを導入し，教科の学習内容が増加する。学校制度の多様化，能力主義教育の進展。「特別教育活動」から「特別活動」へ名称変更。 | 小学校の学習指導要領の総則において，「学校図書館を計画的に利用する」という規定が設けられる。特別活動の「学級指導」に「学校図書館の利用指導」が例示される。 |
|---|---|---|
| 1977 年<br>（昭和 52 年）<br>※高等学校<br>　1978 年改訂 | 「ゆとり」「精選」が強調され，学習指導要領の内容および授業時間数が削減される。 | 中学校の学習指導要領の総則において，特別活動の「学級指導」に「学校図書館の利用指導」が例示される。 |
| 1989 年<br>（平成元年） | 小学校低学年の理科・社会を統合し，「生活科」を新設。高等学校社会科を廃止し，「地歴科」「公民科」を新設。コンピュータ教育など，情報化社会への対応を強調。 | 学習指導要領の総則において，「視聴覚教材や教育機器などの教材・教具の適切な活用をはかるとともに，学校図書館を計画的に利用し，その機能の活用に努める」と規定される。 |
| 1998 年<br>（平成 10 年）<br>※高等学校<br>　1999 年改訂 | 学校週 5 日制の全面実施。「情報科（高等学校）」「総合的な学習の時間」の新設。「生きる力」を育むことを強調。ボランティア体験や自然体験学習を重視。 | 学校図書館法改正（1997 年）による司書教諭の必置（12 学級以上）。小学校の学習指導要領の総則において，「学校図書館を計画的に利用しその機能の活用を図り，児童の主体的，意欲的な学習活動や読書活動を充実すること」と規定される。さらに，「総合的な学習の時間の取り扱い」において，「学校図書館の活用，他の学校との連携，公民館，図書館，博物館等の社会教育施設や社会教育関係団体等の各種団体との連携，地域の教材や学習環境の積極的な活用について工夫すること」と明記。 |

| 2008 年<br>（平成 20 年）<br>※高等学校<br>2009 年改訂 | 教育基本法の改正等をふまえた学習指導要領の改訂。知識基盤社会を見据えた「生きる力」の育成。基礎的・基本的な知識・技能の習得，思考力・判断力・表現力等の育成および学習意欲の向上のための授業時間数の増加，言語活動・理数教育を充実させる。 | 総則については，1998 年改訂と同様の規定。「総合的な学習の時間の取り扱い」において，「学校図書館の活用，他の学校との連携，公民館，図書館，博物館等の社会教育施設や社会教育関係団体等の各種団体との連携，地域の教材や学習環境の積極的な活用などの工夫を行うこと」と明記。 |
|---|---|---|
| 2017 年<br>（平成 29 年）<br>※高等学校<br>2018 年改訂 | 「道徳」が「特別の教科　道徳」となり，学校の教育活動全体を通じて行う。「総合的な探究の時間（高等学校）」を新設。学習指導要領が教育課程の大綱的基準であることを明記。社会に開かれた教育課程の実現を重視し，組織的かつ計画的に各学校の教育活動の質の向上を図る，いわゆる「カリキュラム・マネジメント」に努めるとした。 | 学校図書館法改正（2014 年）による学校司書の法制化。文部科学省「学校図書館ガイドライン」「学校司書のモデルカリキュラム」の通知（2016 年）。小学校の学習指導要領の総則において，「学校図書館を計画的に利用しその機能の活用を図り，児童の主体的・対話的で深い学びの実現に向けた授業改善に生かすとともに，児童の自主的，自発的な学習活動や読書活動を充実すること」と規定される。中学校においても同様の規定。 |

表の作成において，以下の文献を参照した。

・解説教育六法編修委員会「学習指導要領の変遷」『解説教育六法 2018　平成 30 年版』三省堂　2018 年　p.1117-1118.

・鎌田和宏「第Ⅱ章　学校教育カリキュラムと学校図書館」『シリーズ学校図書館学 3　学習指導と学校図書館』全国学校図書館協議会　2010 年　p.29.

・深川恒喜「戦後におけるわが国の学校図書館発達史試論」『東京学芸大学紀要　第 1 部門　教育科学』第 26 集　1975 年　p.182-191.


## （1）1951（昭和 26）年改訂

　占領期の戦後日本において，短期間で初めて作成された学習指導要領（1947

年）は暫定的な性格であり，名実とともに「試案」であった。1951 年の改訂では，そのまま「試案」という性格を引き継いだ。教科活動と教科外活動を包括する概念（用語）として，「教育課程」が用いられ，「自由活動」の代わりに「特別教育活動」が新設された。校内における子どもの民主的な自治組織である「児童会」に関する記述の中で，その下部組織の委員会活動において，「学校図書館の運営」が例示されている。さらに，学習指導要領の「学習指導法と学習成果の評価」の章において，以下のような記述が見受けられる。「児童・生徒の学習を刺激するとともに，学習の成果をあげるためには，学習の進行の過程に応じ，教材の性質に応じ，多様な各種の指導法を用いる必要がある。（中略）学校図書館をじゅうぶんに活用することなどは，児童生徒の経験を豊かにする上に欠くことができないであろう」[注15]。学校図書館が法制化される以前に，教科および教科外活動（特別活動）の両方において，既に学校図書館の利活用を志向した明確な教育理念を読みとることができる。

　1951 年の学習指導要領における教育課程の編成原理は，経験主義の教育思想を基盤としている。アメリカの教育哲学者のジョン・デューイ（John Dewey）が提唱した「なすことによって学ぶ（Learning by doing）」という学習観にもとづき，問題解決学習や生活単元学習が推奨されたのである。

　学校図書館を利活用する授業（学習活動）は，経験主義の編成原理にもとづく教育課程と親和性が高いと考えられる。児童生徒自身が設定した問題（学習課題）にもとづく問題解決学習など，近年，重要視されている主体的な学習であるが，戦後初期の日本において，既に実践されていたのである。しかし，この戦後の「新教育」と称された実践であるが，教育学研究者から，「はいまわる経験主義」[注16]と批判され，子どもたちの学力低下を招く原因とみなされた。

## （2）1958（昭和 33）年改訂

　学習指導要領の総則「指導計画作成および指導の一般方針」において，「学校図書館の資料や視聴覚教材等については，これを精選して活用する」[注

[17) という規定が設けられた。前回（1951 年）と違って，本改訂では指導計画の作成段階において，学校図書館の活用を明確したという点において進展があったといえよう。その一方で学習指導要領全体としては大きな変化が生じた。まず，1955 年の改訂時において，高等学校社会科の学習指導要領から，「試案」の二文字が削除された。『官報』に「文部省告示」として公示したことを契機として，学習指導要領に法的拘束力があるという解釈を打ち出し，学習指導要領を教育課程の国家基準とした。さらに，道徳の時間を特設し，教育課程の編成を「教科」「特別教育活動」「道徳」「学校行事」の四領域とした。この時期から経験主義から系統主義へ，教育課程の編成原理を転換することになったのである。系統主義は，子どもの興味・関心や日常経験ではなく，科学や学問の系統性に立脚し，それを重視する考え方である。学問の成果としての科学的知識の伝達を中心に，教育課程を編成する立場である。

　学習指導要領には明記されていないが，1960 年前後から，学校図書館に求められる機能として，「教材センター（論）」「資料センター（論）」が台頭し始める。「教材センター」（The school library as a Instructional Materials Center）としての学校図書館という考え方については，既に『アメリカ教育使節団報告書』において指摘された。その原文は以下の通りである。"The school library as a Instructional Materials Center should be the heart of the school with the librarian helping and guiding students."（下線部は筆者）[注18]。しかし，文部省（当時）は，「教材センター」「資料センター」としての学校図書館の機能を主張[注19]しつつも，その実現のための財政的・行政的手立てはほとんどなされなかったのである[注20]。

## （3）1968（昭和 43）年改訂（中学校 1969 年改訂・高等学校 1970 年改訂）

　小学校の学習指導要領の総則において，「学校図書館を計画的に利用する」という規定が設けられた。「特別教育活動」は「特別活動」に名称変更され，同活動の「学級指導」に「学校図書館の利用指導」が例示（規定）された。しかし，小学校だけにとどまり，中学校・高等学校の特別活動の「学級指導」には例示されなかった。

　1960年代に入り，系統主義による教育課程（学問中心カリキュラム）の編成，教育内容の「現代化」をスローガンとした教科の学習内容の増加，授業時間数の増加，能力主義教育の進展など，それらが子どもたちを学校図書館や読書活動から遠ざける要因となったといえよう。「期待される人間像（1966年の中央教育審議会答申）」というキャッチフレーズに象徴される能力主義の台頭，学校教育における競争原理（偏差値至上主義など）が浸透した時期であった。「教育の荒廃」「落ちこぼれ」など，当時の学校教育を象徴する否定的言辞が人口に膾炙された時期であった。

## （4）1977（昭和52）年改訂

　学習指導要領や社会構造の変化がもたらしたさまざまな学校教育のひずみを反省し，「ゆとり」「精選」が強調され，学習指導要領の内容および授業時間数が削減された（教育内容を約2割，授業時間数を約1割の削減）。学習指導要領において，「○○は扱わないものとする」等の規定（いわゆる「歯止め規定」）を設けて，一部の単元には教育内容の上限を設定した。この目的は落ちこぼれの児童生徒を減らすためであった。また，当時は「学問中心カリキュラム」から「人間中心カリキュラム」へシフトした時期であった。削減された授業時間の扱いについては，「ゆとりの時間」が設けられた。この時間内では，各学校・各学級の自由裁量や創意工夫によって，スポーツなどのさまざまな文化的活動に取り組まれることが期待された。中学校の学習指導要領の総則においても，特別活動の「学級指導」に「学校図書館の利用の方法」が例示された。

## （5）1989（平成元）年改訂

　小学校低学年の理科・社会を統合し，「生活科」が新設された。高等学校社会科を廃止し，「地歴科」「公民科」が新設された。コンピュータ教育など情報化社会への対応が強調された。学習指導要領の総則において，「視聴覚教材や教育機器などの教材・教具の適切な活用をはかるとともに，学校図書館を計画的に利用し，その機能の活用に努める」と規定された。

## （6）1998（平成10）年改訂

　教科として，「情報科（高等学校）」が新設され，さらに「総合的な学習の時間」が設けられた。「総合的な学習の時間」は，小学校第3学年以上から高等学校までが対象となっており，教育課程の編成上必須としながら，その実際の運用は各学校に委ねられており，非常に自由な扱いとなっている。教科書がない（教科書の使用義務がない）「総合的な学習の時間」の登場によって，学校現場では資料センターとしての学校図書館の機能が重要視されるようになった。

　改訂に際しては，「生きる力」がキーワードとなり，教科横断的な知の総合化が志向された。端的に言えば，「生きる力」とは，教科横断的な学力であり，個々の児童生徒の生き方に資する問題解決能力である。この改訂においては，「学校図書館を計画的に利用しその機能の活用を図り，児童の主体的，意欲的な学習活動や読書活動を充実すること」（『小学校学習指導要領・総則編』）と規定された。前回の改訂時と比較すると，「主体的，意欲的な学習活動や読書活動」という名辞（文言）が加わった。学校図書館の機能について，文部省（当時）は以下のように説明している。「教育課程の展開を支える資料センターの機能を発揮しつつ，①児童が自ら学ぶ学習・情報センターとしての機能と②豊かな感性や情操をはぐくむ読書センターとしての機能を発揮することが求められる。（中略）保護者や地域社会の人々との連携協力を進め，学校図書館が地域に開かれたものになるよう配慮することも必要である」[注21]。学校図書館に求められる機能として，「教材センター」ではなく，「資料センター」「学習・情報センター」「読書センター」という複数の諸機能が明示されたのである。

　学校図書館に求められる諸機能を果たすべく，1997年に学校図書館法が改正された。同法改正によって，12学級以上の学校には司書教諭が必置となった。さらに，1998年からは学校週休2日制度の完全実施が始まり，学社連携の必要性が重要視されたのである。

## （7）2008（平成20）年改訂（高等学校2009年改訂）

　基礎的・基本的な知識・技能の習得にとどまらず，それらを活用する能力の育成が志向され，学力概念の問い直しがなされた。学力概念の問い直しが求められた直接的背景には，OECD（Organization for Economic Co-operation and Development：経済協力開発機構）によるPISA（Programme for International Student Assessment：国際学力調査）において，日本の児童生徒の得点が2003年から2006年にかけて，低下した事実があげられる。文部科学省は「全国学力・学習状況調査」を2007年度から実施し，PISAに対応できる学力を育成すべく，学習指導要領を改訂した。

　教育内容の上限を設ける学習指導要領の「歯止め規定」が，2003年の一部改正時に削除された。児童生徒の実態に応じて，発展的な内容を教員の裁量で教えることが認められたのである。

　学校図書館に関する扱いであるが，総則に関しては，1998年改訂と同様の規定である。「総合的な学習の時間の取り扱い」において，「学校図書館の活用，他の学校との連携，公民館，図書館，博物館等の社会教育施設や社会教育関係団体等の各種団体との連携，地域の教材や学習環境の積極的な活用などの工夫を行うこと」と明記された。

## （8）2017（平成29）年改訂（高等学校2018年改訂）

　従来の学習指導要領の形式と異なり，小学校・中学校・高等学校に共通して「前文」の章が設けられ，分量が大幅に増加した。その他，今まで教科の扱いではなかった「道徳」が「特別の教科　道徳」，小学校における「外国語活動」が「教科　英語」となった。「何ができるようになるか」を明確にし，教育内容にとどまらず，教育方法にも踏み込み，全教科の学習活動において，「主体的・対話的で深い学び」がキーワードとなった。「深い学び」という表現からわかるように，戦後初期に批判された「はいまわる経験主義」や活動主義に陥らないように配慮がなされている。

　高等学校において，従来の「総合的な学習の時間」に代わり，「総合的な

探究の時間」が登場した。この新設された時間について，文部科学省は以下のように説明している。「課題を発見し解決していくために必要な資質・能力を育成することを目的とし，複数の教科・科目等の見方・考え方を組み合わせるなどして働かせ，探究のプロセスを通して資質・能力を育成するものである」[注22]。1998 年に初めて登場した「総合的な学習の時間」と違い，「深い学び」を通して獲得すべき学力像を意識した記述となっている。

　学校図書館に関する扱いであるが，小学校の学習指導要領の総則において，「学校図書館を計画的に利用しその機能の活用を図り，児童の主体的・対話的で深い学びの実現に向けた授業改善に生かすとともに，児童の自主的，自発的な学習活動や読書活動を充実すること。また，地域の図書館や博物館，美術館，劇場，音楽堂等の活用を図り，資料を活用した情報の収集や鑑賞等の学習活動を充実すること」と規定された。中学校においても同様の規定が設けられた。

## 3　教育課程と「カリキュラム・マネジメント」

### （1）「カリキュラム・マネジメント」とは何か

　近年の文部科学省による教育政策用語として，「チーム学校（チームとしての学校）」「アクティブ・ラーニング」[注23] の他，「カリキュラム・マネジメント」がある。『文部科学白書』や学習指導要領解説書などの政府刊行物で「カリキュラム・マネジメント」という用語が使用されるようになった。「カリキュラム・マネジメント」の定義（意義）に関しては，『平成 29 年度文部科学白書』において，新学習指導要領の要諦を解説する文脈の中で以下のように述べられている。「学校全体として，教育内容や時間の適切な配分，必要な人的・物的体制の確保，実施状況にもとづく改善などを通して，教育課程にもとづく教育活動の質を向上させ，学習の効果の最大化を図るカリキュラム・マネジメントを確立することを目指します」[注24]。

　「カリキュラム・マネジメント」という用語が国の教育政策用語として初

めて登場したのは 2003 年 10 月の中央教育審議会答申である。しかし，2003年当時は「カリキュラム・マネジメント」に注目する教育関係者は少なかった。2008 年 1 月の中央教育審議会答申において再び使用され，日本の教育界において重要視される用語として認知された。文部科学省は，同省の政策文書等において，「カリキュラム・マネジメント」に関してのみ，例外的に「カリキュラム」という用語を使用している。

　カリキュラム研究者である田中は以下のように説明している。「カリキュラム・マネジメントは，硬直化しがちな教育課程経営を活性化するため現場主義の視点を提供するものとして期待される。マネジメントの原動力は教員のチーム力である」[注25]。

　本章の冒頭で指摘したように，カリキュラムは学習者の学習経験を含めた幅広い概念である。「カリキュラム・マネジメント」という用語には，個々の教員の教育課程（法令用語としての「教育課程」）に対する意識改革の必要性が込められている。

　昨今，「チーム学校（チームとしての学校）」という教育政策用語が示すように，教員同士，および教員と教員以外のスタッフ（学校司書，スクールカウンセラーなど）の協力連携の重要性が指摘されている。「学級王国」といわれるように，相互不干渉の教員文化，学校特有の組織文化のあり方を見直す契機となるシステム作りが「カリキュラム・マネジメント」であるといえよう。また，教科の枠組みに固執せず，教科横断的なカリキュラムの編成が求められる。

　さらに，「カリキュラム・マネジメント」は，教育の質保証を図るシステムであり，学校評価（学校運営評価）の活動と相即不離の関係にあるといえよう。学校教育法第 42 条において，以下のように定められている。「小学校は，文部科学大臣の定めるところにより当該小学校の教育活動その他の学校運営の状況について評価を行い，その結果にもとづき学校運営の改善を図るため必要な措置を講ずることにより，その教育水準の向上に努めなければならない」。同様の規定は中学校および高等学校にも準用されている。また，学校教育法施行規則第 66 条においては，学校評価（自己評価）の結果の公

表が義務づけられている（中学校，高等学校も同様）。さらに，評価結果の公表を受けて，保護者など，学校のステークホルダーによる評価活動が努力義務化されている（学校教育法施行規則第67条，第79条，第104条）。市民の税金で運営されている公立学校の場合，保護者をはじめとした納税者に対するアカウンタビリティ（説明責任）が厳しく問われる。

　なお，2015（平成27）年度に，公立小学校・中学校を対象とした文部科学省による全国調査（「公立小・中学校における教育課程の編成・実施状況調査」）の結果によれば，「カリキュラム・マネジメント」の確立に向けた取り組み（校内研修など）の実施状況は，小学校37.5%，中学校32.2%であった[注26]。

## （2）「カリキュラム・マネジメント」と学校図書館

　「カリキュラム・マネジメント」の内容領域を具体的にどのように考え，学校図書館をどのように位置づけるべきか。この問題については，既に戦後初期の段階に検討されていた。学校図書館法制定前の1949年に教師養成研究会が著した『教育課程:カリキュラムの構成と展開』（学芸図書）において，「第10章　教育課程の運営」という独立した章がある。これは，今日の「カリキュラム・マネジメント」に通じる内容を扱っている。同書では，「学習環境の問題」として，学校図書館の機能について以下のように述べている。「教科書のみならず一般図書が活発に使われなくてはならない。（中略）理想をいえば，学校は図書館のための特別に分離した室をもち専門の司書か，または司書教諭かをおくことが要請される。そしてこの図書が単元の学習に十分役立つような参考資料となるならば，学習能率は向上するであろう」（p.355）。

　教育課程と学校図書館の関係を考える際，安彦は以下のように指摘している。「大切なことは施設・設備はあくまでも外的条件であり，従属変数であるから，まず望ましい教育課程をつくり，それを独立変数として変えずに，必要に応じて従属変数たる人的・物的条件整備を行政側に求めていくことである。これを逆にしてはいけない」[注27]。安彦の指摘に従えば，教育課程は主であり，学校図書館が従の関係である。これは，教育課程と学校図書館の

関係を検討する際の要諦といえる。

　さらに，安彦は物的条件整備について以下のように述べている。「「学習セ
ンター」としての学校の教育課程の実施上，必要不可欠のものとして，その
内容（資料，材料，用具，標本など）が整備充実されるべきである。とくに
そこでは教師自身の創意工夫，アイデアが一種の経営活動を高める上で要求
される」[注28]。学校図書館に限らず，校内のさまざまな学習資源の充実が不
可欠である。その際，地域社会における学習資源や人的資源を活用すべく，
地方自治体が設置した公立図書館，博物館などの社会教育施設との連携協力
が重要となる。人的資源に関しても，地域住民をボランティアとして活用す
るなどの方策が考えられる。

　学校図書館が名実ともに，「教育課程の展開に寄与する」ためには，教育
方法において，学校図書館を利活用するのみならず，教育内容にそれを組み
入れなければならない。つまり，学校図書館の利活用を計画化し，教育課程
の編成，すなわちカリキュラムの編成に反映させるのである。

　「カリキュラム・マネジメント」に学校図書館を位置づけるための前提条
件として，「すべての学校において学校図書館の利活用を推進するための全
体計画を策定することが求められる」[注29]といえる。しかし，日本の学校
図書館における現状であるが，全体計画の策定は決して十分ではない。学校
図書館全体計画の策定を通して，「カリキュラム・マネジメント」に司書教
諭が関与しなければ，「教育課程の展開に寄与する」という学校図書館の目
的は十分に達成できないのである。

## （3）「カリキュラム・マネジメント」における PDCA サイクル

　次に，「カリキュラム・マネジメント」における PDCA サイクル[注30]を
図表3－3で示しておく。

　PDCA サイクルは，企業における業務改善のためのマネジメント手法で
ある。この考え方は非営利組織である学校経営においても応用できる。「カ
リキュラム・マネジメント」における PDCA サイクルの主な対象となるのは，
各学校が定める教育課程である（図表3－1「教育課程の階層構造および展

開過程」を参照）。まず，P（Plan）であるが，各学校において，児童生徒や地域の実態を把握し，教育目標の実現に必要なカリキュラムを編成する。これはカリキュラムの計画である。次に，D（Do）であるが，実際のカリキュラムにもとづき，単元や授業レベルで実施する。第三番目はC（Check）であるが，文部科学省の全国学力・学習状況調査などのデータにもとづき，評価を行う。最後のA（Action）は，評価の結果にもとづき，次期サイクルに向けて改善する活動である。

　PDCAサイクルに関しては，1年間の期間で考えるのが一般的であろう。しかし，数年間に及ぶ期間を設定し，「カリキュラム・マネジメント」を中長期的視点で実践することも必要である。教育改革による新しいカリキュラムの成果が短期間で目に見える形で現れるとは限らないのである。

　PDCAサイクルにおける最も重要な活動は，C（Check）の「評価」であるといえる。カリキュラムの評価方法であるが，全国学力・学習状況調査以外に，卒業生の追跡調査，保護者を対象とした質問紙法による調査なども考えられる。ただし，現在の日本では，カリキュラムを対象とした有効な評価方法が確立されていない。なぜなら，カリキュラムの構成要素は数多く，かつ複雑だからである。また，何を主な評価対象とすべきかが明確化しにくいからである。営利企業が実施する顧客満足度調査の手法を「カリキュラム・

図表3－3　カリキュラム・マネジメントにおけるPDCAサイクル

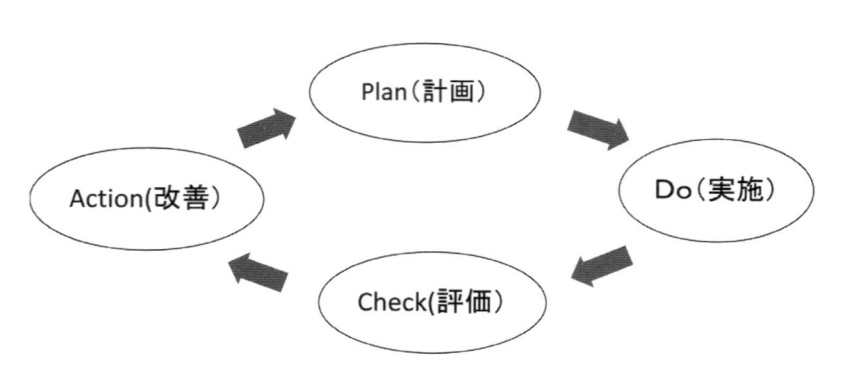

マネジメント」に，そのまま単純に応用できるわけではない。学力調査以外に，児童生徒による授業評価に得られたデータも，カリキュラム改善のためのエビデンスになりうる。しかし，授業評価それ自体がカリキュラム評価を意味するわけではなく，その一部にすぎないのである。

　欧米では，カリキュラム評価に関するさまざまな理論的モデルが提言されている。しかし，日本において，カリキュラム評価の実践の蓄積は乏しい。PDCA のサイクルにもとづく「カリキュラム・マネジメント」に関しては，それに寄与する，科学的かつ効果的なカリキュラムの評価方法の開発，およびその検証が今後の課題となっている。

## （4）「カリキュラム・マネジメント」の実践事例

　2017 年改訂の新学習指導要領では，地域との連携・協働を通した「カリキュラム・マネジメント」を推奨し，社会に開かれたカリキュラムの実現を目指している。また，「カリキュラム・マネジメント」を昨今の教育改革の一過性の単なるスローガンに終わらせないようにするために，実際の学校現場ではどのように組織的な対応をすべきか。千葉県館山市立北条小学校の実践事例が参考になるので以下紹介する[注31]。

　北条小学校は，戦後初期の日本におけるコア・カリキュラム運動において，「北条プラン」を作成・実践した歴史的にも有名な学校である。北条小学校は，今から 50 年以上の前の 1966 年から，校内に「カリキュラム管理室」を設置した。この管理室には，学年別，教科別，月別に分類された棚（棚の数は 660）があり，過去の同小学校におけるカリキュラムに関するさまざまな資料が保管されている。その資料とは，学習指導案，ワークシート，児童の活動記録などである。近年，それらの資料群のデジタル化も行われている。

　「カリキュラム管理室」が北条小学校に設置される以前は，同校の学校図書館にカリキュラムに関する資料が保管されていた。すなわち，学校図書館が校内におけるアーカイブ機能を果たし，「教育課程の展開に寄与」していたのである。その機能は，「カリキュラム管理室」に引き継がれ，現在に至っている。過去の教育実践記録が廃棄されることなく，永く保存され，多数の

教職員に受け継がれてきたのである。

　「カリキュラム管理室」を設置した当初の目的は「指導の平準化」であった。それは，ベテラン教員と初任の教員との指導水準の格差をなくし，経験年数を問わず，校内の全教員による指導（学習指導・生活指導）のレベルアップを図ることである。

　なお，この「カリキュラム管理室」には，室長を配置し，教務主任がその職を兼ねている。「カリキュラム管理室」の運営それ自体が「カリキュラム・マネジメント」の活動である。同校の「カリキュラム管理室」は，カリキュラムに関する資料を教職員全員の共有財産化し，個々の教員の教育実践を可視化しようとする試みでもある。また，教職員全体で自らの教育実践を振り返るための中心的役割を果たすのが「カリキュラム管理室」である。

　北条小学校のように，各学校において，「カリキュラム・マネジメント」に関する多種多様な教育実践の資料を収集し，校内の教職員の利用に供する体制整備が必要であると考えられる。

（安藤友張）

〈注〉

（注1）田中統治［ほか］編『新教職教育講座第3巻　学校教育のカリキュラムと方法』協同出版　2013年　p.8

（注2）戦前の学校教育においては，「学科」という用語は初等・中等教育段階においても使われており，教育内容のまとまりや区分を意味することばであった。1890年の第二次小学校令によって，「学科」を用いず，「教科」と称することになった。これについて，木村は「教育と学問を分離して，小学校が教育の場として位置づけられた」と指摘する。木村元『学校の戦後史』岩波書店　2015年　p.37

（注3）「教育課程」安彦忠彦ほか編『新版現代学校教育大事典　2』ぎょうせい　2002年　p.170

（注4）「○○によるものとする」の場合，例外となる法規定を設けることが多い。例えば，学校教育法施行規則第55条「小学校の教育課程に関し，その改善に資する研究を行うため特に必要があり，かつ，児童の教育上適切な配慮がなされていると文部科学大臣が認める場合においては，（中略）第52条の規定によら

ないことができる」という定めがある。文部科学省による研究指定校の場合，教育課程の編成において，学習指導要領による法的な拘束を受けない。

（注５）入澤充［ほか］編著『学校教育法実務総覧』エイデル研究所　2016 年　p.184

（注６）文部科学省『小学校学習指導要領（平成 29 年告示）解説　総則編　平成 29 年 7 月』東洋館出版社　2018 年　p.13

（注７）村井実全訳『アメリカ教育使節団報告書』講談社　1979 年　p.52。同書は第 1 次の教育使節団報告書の翻訳である。

（注８）同書　p.34

（注９）同書　p.35

（注10）日本教育方法学会編『学習指導要領の改訂に関する教育方法学的検討：「資質・能力」と「教科の本質」をめぐって　教育方法 46』図書文化　2017 年　p.10

（注11）文部省『学習指導要領　一般編（試案）昭和 22 年度』日本書籍　1947 年　p.3

（注12）1950 年 10 月 9 日に出された「学校教育法施行規則の一部を改正する省令（文部省令第 28 号）」によって，「教科課程」から「教育課程」に改められた。

（注13）安彦忠彦『学校の教育課程編成と評価』明治図書　1979 年　p.65

（注14）文部省学校教育局『新制中学校・新制高等学校　望ましい運営の指針』教育問題調査所　1949 年　p.141

（注15）文部省『学習指導要領　一般編（試案）昭和 26 年（1951）改訂版』明治図書　1951 年　p.105

（注16）「はいまわる経験主義」の意味内容であるが，一般的に以下のように解釈されている。「直接的経験や日常的な経験の極端な重視は，自然や社会についての客観的な知識や科学的概念の習得の軽視に陥りがちであり，基礎学力低下の原因となった」。「はいまわる経験主義」『新版現代学校教育大事典　5』ぎょうせい　2002 年　p.361

（注17）文部省調査局編『小学校学習指導要領　昭和 33 年改訂』帝国地方行政学会　1958 年　p.5

（注18）教科教育百年史編集委員会編『原典対訳　米国教育使節団報告書』建帛社　1985 年　p.178

（注19）文部省（当時）の学校図書館行政担当者の考え方は，以下の雑誌記事を参照されたい。深川恒喜「公開質問状に対するお答え　学校図書館の理念に変りはない」『学校図書館』　第 130 号　1961 年 8 月　p.14-19

（注20）渡辺重夫『子どもの権利と学校図書館』青弓社　1993 年　p.86

（注21）文部省『小学校学習指導要領解説　総則編』東京書籍　1999 年　p.89-90

（注 22） 文部科学省『高等学校学習指導要領（平成 30 年告示）解説　総則編』東洋館出版社　2019 年　p.62

（注 23）「アクティブ・ラーニング」の場合，新学習指導要領において，「主体的・対話的で深い学び」という用語に変更された。

（注 24） 文部科学省『平成 29 年度　文部科学白書』日経印刷　2018 年　p.146

（注 25） 前掲『新教職教育講座第 3 巻　学校教育のカリキュラムと方法』p.20

（注 26）「平成 27 年度（2016 年度）公立小・中学校における教育課程の編成・実施状況調査の結果について（文部科学省）」（http://www.mext.go.jp/a_menu/shotou/newcs/_icsFiles/afieldfile/2019/02/12/1413570_002_1.pdf［2019 年 5 月 9 日現在参照可]）。

（注 27） 安彦忠彦『改訂版　教育課程編成論：学校は何を学ぶところか』放送大学出版会　2006 年　p.33

（注 28） 安彦忠彦『学校の教育課程編成と評価』明治図書　1979 年　p.104-105

（注 29） 日本学校図書館学会研究会『子供の学びを支援する学校図書館：「教育課程の展開に寄与する」ことの意味とその具体化　【中間まとめ】』日本学校図書館学会研究会　2018 年　p.12

（注 30）PDCA サイクルの考え方にもとづくカリキュラムマネジメントについては，以下の文献が詳しいので参照されたい。田村知子［ほか］編著『カリキュラムマネジメントハンドブック』ぎょうせい　2016 年

（注 31） 千葉県館山市立北条小学校の「カリキュラム管理室」の詳細については，同校の公式サイトで知ることができる。（https://www.city.tateyama.chiba.jp/school/houjyo/karikan.html［2019 年 5 月 9 日現在参照可]）。

　その他，以下の雑誌記事でも同校の「カリキュラム管理室」が紹介されている。「実践レポート⑤　カリキュラム管理室を中心に指導の平準化と授業改善を積み重ねる：千葉県館山市立北条小学校」『総合教育技術』第 72 巻第 10 号　2017 年 11 月　p.38-41

〈参考文献〉

・安彦忠彦編『新版　カリキュラム研究入門』勁草書房　1999 年
・田中統治，根津朋実編著『カリキュラム評価入門』勁草書房　2009 年
・水原克敏『学習指導要領は国民形成の設計書：その能力観と人間像の歴史的考察』東北大学出版会　2010 年
・吉田武男監修，根津朋実編著『教育課程　MINERVA はじめて学ぶ教職⑩』ミ

ネルヴァ書房　2019 年

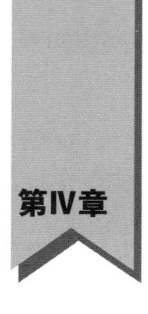

# 第Ⅳ章　学校図書館の経営

## 1　学校経営と学校図書館

　学校図書館は，公共図書館や大学図書館などの他の館種に比べて，比較的小規模で専門的な担当者の配置も遅れていた。そうしたこともあり，学校図書館の運営は，おおむね学校図書館担当者の勘や経験に頼る傾向にあった。こうした学校図書館の"場当たり的な運営"では，たとえそこで優れた実践が行われていたとしても，常にその運営には問題点を抱えることになる。それは，他の教員から学校図書館への支援が得られない，学校図書館の将来像が他者から見えない，担当者が変わると学校図書館の活動が止まってしまうなど，学校運営にとっても大きな課題となるものである。

　そのため必要となってくるのが，学校の教育目的を達成するために寄与する質の高い学校図書館活動を継続的かつ効果的・効率的に行っていくための方法である。こうした方法を科学的・合理的に追求する過程が経営であり，その活動を含めて経営管理（マネジメント）などとも呼ぶ。一般的に経営（経営管理）とは，人に働きかけて，協働的な営みを発展させることによって，経営資源の転換効率や環境適応の能力と創造性を高めて，企業の目的を実現しようとする活動」であるとされる[注1]。したがって，経営は営利企業の活動をもっぱら対象とし，非営利組織である学校に経営という概念が導入されるのはそれほど古いものではなく，1970年代頃からであるといわれている[注2]。

　学校経営について『新版現代学校教育大事典（1）』（ぎょうせい，2003年）では，「それぞれの学校において，学校教育目標の達成を目指して教育活動を編成し展開する中で，人的・物的等の教育諸条件の整備とその組織運営にかかわる諸活動を管理して実現を図るととともに，教育活動の持続的な改善

を求めた創意的な機能」であると定義している。

　この定義からは，学校経営におけるいくつかの重要なポイントが明らかになる。それは経営目標として「学校教育目標の達成」，「教育活動の持続的な改善」があること，またこれらを達成するための役割として「教育活動の編成と展開」，「教育諸条件の整備」，「組織運営と管理」などがあることである。学校図書館はこれらの学校経営の目標や役割と有機的な関連をもって図書館活動を展開していくことになる。

　学校図書館は，学校図書館法の第1条で「学校教育において欠くことのできない基礎的な設備」と規定されている。この条文では学校図書館を「欠くことのできない基礎的設備」としているが，学校図書館は単なる設備ではなく，第2条（定義），第4条（学校図書館の運営），第5条（司書教諭），第6条（学校司書）などに規定されているように，学校図書館に関する目的，役割，人を備えた実体としての施設，機関であると理解できる。したがって，学校図書館は学校の下部組織，あるいは学校を一機関（システム）と捉えると，その下位機関（サブ・システム）として，一定の経営を行っていくことが求められるのである。

　では，学校の必須の施設・機関としての学校図書館経営はどのように捉えられるか。それは「学校図書館の目的を実現するために，図書館運営の方針を立て，必要な組織をつくり，諸資源（人，メディア，施設・設備など）を効率的に編成しながら，学校図書館事業を継続的に実行すること」と定義される[注3]。この中には，先述の学校経営の定義と文言は多少異なるが，同様の要素がみられる。それは，学校図書館経営は学校経営の一部として，学校図書館固有の目的の達成と継続を目的とし，組織編成と諸資源（人，メディア，施設・設備など）の管理や運営の役割を通して，必要な学校図書館活動である学校図書館事業を効率的に行っていく活動である点である。

　こうした観点をふまえ，ここでは学校図書館経営を端的に，「学校図書館の固有の目的を達成するために，図書館組織の編成と諸資源の整備を効果的，効率的に管理・運営する活動と捉えることにしたい。運営とは学校図書館の活動を創意工夫して展開する活動である。管理とは学校図書館の活動を維持

し，改善していく活動である。前者は創意機能，後者は維持機能とも呼ばれる[注4]。学校教育においてこれらの機能が十全に発揮されるときに，学校図書館は学校図書館の固有の目的である学校の教育課程の展開に寄与することや児童生徒の健全な教養を育成することができるのである。

## 2　学校図書館経営とは

　学校図書館において経営概念が導入されるのは，1990年代以降になってからである。こうした学校図書館経営は，先述のように学校図書館の活動を創意工夫して展開していく運営（創意機能の発揮）と学校図書館の施設・設備，組織を維持改善していくための管理（維持機能の発揮）の2つの側面に大別される。学校図書館においては，従来，経営を運営，管理，運用などと明確な区別がなされないまま使われてきたが，ここではこれをより厳密に捉えていきたい。経営を運営と管理の2側面から捉えると，学校図書館経営は，図書館を管理するだけではだめで，また運営するだけでも不十分であることがわかる。両者のバランスをとることによって，より良い学校図書館経営が実現されるのである。

　こうした運営と管理は，前者を第一次経営活動，後者を第二次経営活動とも呼ぶ[注5]。第一次経営活動は，組織体固有の目的を直接実現する活動である。学校図書館においては，学校図書館法第4条（学校図書館の運営）に規定される，図書館資料を収集し児童生徒・教員の利用に提供すること，図書館資料の分類排列と目録の整備，読書会・研究会，鑑賞会・映写会・資料展示会などの実施，児童生徒への図書館資料の利用の指導，他の学校図書館・図書館・博物館，公民館等との連絡・協力，図書館の一般公衆への利用などがそれにあたる。第二次経営活動は，図書館以外の組織体にも共通する企画，人事，財務等の第一次経営活動を円滑に進めるための支援活動である。学校図書館の経営活動は，第一次経営活動（運営）と第二次経営活動（管理）の総体として捉えることができるのである。

　では，運営と管理の総体である学校図書館経営が対象とする学校図書館活

動とはどのようなものであろうか。学校図書館の最も基本的な活動は，利用者である児童生徒や教員に図書館資料を収集し，整理し，提供することである。これには図書館の資料や施設・設備の活用，それにともなう図書館員のサービスなども含まれる。しかし，学校図書館は"学校の中にある図書館"であるため，その活動は学校の教育課程と結びつき，学校教育を支援する活動として広く展開されることになる。こうした学校図書館の活動については，学習指導要領（2017 年度告示）の「総則」の「教育課程の実施と学習評価」の配慮事項にあげられている。その要点は次のような点である。

①学校図書館を計画的に利用しその機能の活用を図ること
②学校図書館を主体的・対話的で深い学びの実現に向けた授業改善に生かすこと
③自主的，自発的な学習活動や読書活動を充実すること
④地域の図書館や博物館，美術館，劇場，音楽堂等の施設の活用を積極的に図ること
⑤資料を活用した情報の収集や鑑賞等の学習活動を充実すること

　これらは学校図書館の教育的役割と呼ばれるものであるが，学校図書館活動の内容を広げ多様化している。
　また，こうした学校図書館活動の内容は，社会的要請や情報技術の発達などから影響を受けて多様化し変わってきている。1990 年代後半になると学校図書館の役割に対する社会的要請には大きな変化が見られるようになる。それは，学校図書館を読書センター，学習センター，情報センターとして捉えていこうとする考え方である。こうした考え方が初めて公けに示されたのは 1995 年の「児童生徒の読書に関する調査研究協力者会議報告」においてである。これは従来の受動的な学校図書館の役割を能動的な役割へと転換させることになる。ここでいうセンターは単なる場所的な意味だけではなく，機能的な意味を併せ持つ。センターとしての学校図書館には，来館する利用者に図書館サービスを提供するだけでなく，調整，相談，助言などの機能を

通じて，学校の未・非来館者や地域住民にもそのサービスを提供する役割が期待されているのである。こうしたセンター機能を有する能動的な学校図書館の存在がなければ，地域の図書館や博物館，美術館，劇場，音楽堂等の施設との協力や利用を積極的に行うことは難しいであろう。したがって，近年の学校図書館経営には，読書・学習・情報センターとして機能する学校図書館への転換と地域のさまざまな教育機関と積極的に連携協力していくことが求められているといえる。

## 3　学校図書館経営の過程と内容

　学校図書館の経営活動を効率的，効果的に行うためには，図書館の目的を立て，そのために必要な資源を計画的に配分し，図書資料，施設・設備，組織を活用して事業を実施し，その結果を評価し，問題点を改善して次のより質の高い図書館活動につなげていくスパイラルなプロセスを確立していくことが必要である。このような一連の循環する経営活動の過程を経営学の観点から定式化したものとして，計画（Plan），実施（Do），評価（Check），改善（Action）の4つの過程からなる経営サイクル（マネジメントサイクル）がある。こうした4つの経営過程（PDCA サイクル）は，既に学校経営の中に広く取り入れられており，学校経営と学校図書館経営の整合性を図る上でも重要な考え方である。2016 年「学校図書館ガイドライン」においても，学校図書館経営の改善のために PDCA サイクルの確立が必要であることが指摘されている。

　学校図書館の経営内容は，経営対象の実体をなす学校図書館活動の全体像をどのように捉えるかによって変わってくる。学校図書館法にもとづく学校図書館の運営のあり方を最初に示した『学校図書館運営の手びき』（明治図書，1959 年）では，学校図書館活動の内容を管理面と運用面に大別し，管理面には，資料・備品の選択・購入・受入・払出資料・設備・備品の装備・整とん・保管・修理などの事務的・技術的な仕事，人事管理その他運営全般，また運用面には，閲覧・貸出・読書指導・図書館利用指導その他の諸行事や活

図表4−1　学校図書館の経営活動

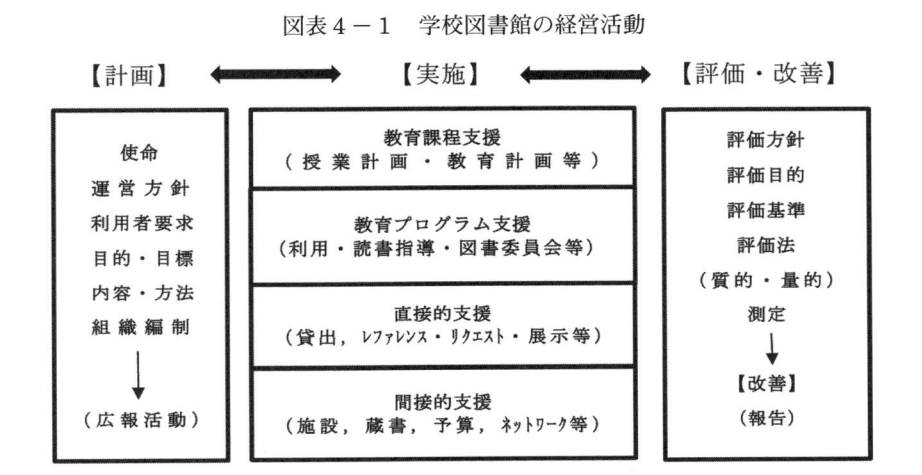

動，対外活動などの奉仕・指導の諸活動などがあげられている[注6]。現在ではこれらの活動の他にもさまざまな活動が学校図書館では行われている。

　ここではこうした現在の学校図書館の経営内容を①計画づくり，②図書館づくり，③授業づくり，④組織づくりという4つの領域に分けて捉える。①計画づくりとは，図書館の方針や目的，計画や規則などを作成する活動である。②図書館づくりとは，図書館の直接的支援と間接的支援に関する活動である。③授業づくりとは，教育プログラム支援や教育課程支援に関する活動である。④組織づくりとは，計画づくり，図書館づくり，授業づくりを実現するため必要な組織を編成する活動である。なお，評価・改善はこれら4つの経営内容すべてに含まれる。こうした学校図書館の経営活動の全体は図表4−1のように示すことができる。これらの領域においてどのような活動が具体的に行われるかを詳しく見ていく。

## （1）計画づくり

　学校図書館において，経営計画を策定する意義はおおむね次のような点があげられる。

・教育課程と整合性のある図書館経営を可能にする

・図書館資源の効果的・効率的な利用を可能にする

・長期的展望に立った図書館経営を可能にする

・図書館活動への教職員の共通理解を形成する

・図書館経営の評価の観点を明確にする

　こうしたさまざまな意義を持つ経営計画の策定では，その作成過程により多くの教職員が係わることが大切である。それが校内の学校図書館に対する共通理解の形成に寄与することになる。

　学校図書館で作成する計画には，経営計画，全体計画，年間実施計画，改善計画などの計画がある。これらの計画の中で中心となるのは経営計画である。広義には，学校図書館の諸計画を総称して経営計画と呼ぶこともある。経営計画は，学校の種類や規模によって内容が大きく異なるため，すべての校種に共通するような様式はない。しかし，そこにはいくつかの共通する要素が見られる。それらは①図書館の使命（ビジョン），②経営方針，③利用者ニーズ（要求），④目的・目標，⑤内容・方法，⑥組織編制である。

　①図書館の使命（ビジョン）は図書館経営の理念を示すもので，経営判断の根拠となる図書館の将来像，蔵書，利用者，職員，知的自由などに関する基本的な考え方を示したものである。そこには学校全体の意見だけではなく，種々の宣言，基準，憲章などの理念を反映させることが望ましい。こうした考え方を示した文書としては，「学校図書館ガイドライン」（文部科学省，2016 年），「学校図書館宣言」（ユネスコ・IFLA 共同宣言，1999 年），「学校図書館憲章」（全国学校図書館協議会,1991 年）などがある。

　②経営方針は図書館の使命を実現するために必要な図書館資源の管理，運営に関する指針をまとめたものである。これは学校経営と学校図書館経営の整合性を確保するために必要なものである。

　③利用者のニーズ（要求）は学校図書館に対する利用者の要望の実態を把握し，明確化したものである。こうした利用者のニーズの把握がなければ，学校図書館経営は利用者の要望からかけ離れたものになってしまう。利用者

のニーズは利用者への実態調査や利用統計の分析によって把握することができるが，公共図書館や大学図書館と比べて規模が小さい学校図書館においては，利用者との日常的な会話をまとめ整理したものでも十分に役に立つものとなる。

④目的・目標は経営計画の核となるもので，これまでの図書館の使命，経営方針，利用者のニーズをふまえて策定する。その際留意すべき点は，目的と目標の関係を明確にすることである。目的は，実現すべき価値，達成すべき指針であるのに対して，目標は目的達成のための測定可能なステップである。例えば，「児童生徒の読書活動を活発にする」という目的を設定した場合，目標は「生徒の年間貸出冊数を 60 冊にする」と設定することができる。目的にこうした数値目標を設定することによって，評価の基準としても利用することができ，計画から評価へと一貫性を持たせることができる。こうした目標は 1 つの目的に対して複数設定することも可能である。

⑤内容・方法は目的・目標の達成に必要な図書館のサービス内容を具体化したものである。個々の図書館サービスの対象，活動，実施時期，図書館資源の配分を決定し，それを年間実施計画にまとめていく。

⑥組織編制では，これらの内容・方法を実現するための組織構成を決定し，図書館担当者の役割分担を行い，学校内の組織間の連携協力を推し進める体制を確立する。

これらの内容を要素とする学校図書館の経営計画は，学校図書館における原案の作成，全校的な委員会組織での検討を経て教職員で決定され，校長の承認を経て確定していくことになる。こうした経営計画の作成過程は，経営計画の内容を教職員全体で共有していく上で重要な過程であり，学校図書館担当者はこれを円滑に進めるために，しっかりとした広報活動を行っていくことが必要である。

## （2）図書館づくり

図書館づくりは「間接的支援（間接サービス）の提供」と「直接的支援（直接サービス）の提供」からなる。間接的支援は図書館の情報環境の整備，蔵

書構築，施設・設備の整備や更新など，いわゆるインフラ整備の活動である。これらの活動では，施設・設備の整備や更新では「学校施設整備指針」（文部科学省，2016 年改訂）や「学校図書館施設基準」（全国学校図書館協議会，1999 年改訂），蔵書構築では公立義務教育諸学校の「学校図書館図書標準」（文部科学省，2008 年改正）や「学校図書館メディア基準」（全国学校図書館協議会，2000 年）などの数量的基準や「図書選定基準」（全国学校図書館協議会，2008 年改定）や「学校図書館図書廃棄規準」（全国学校図書館協議会，1993 年）などの質的基準など，さまざまな規則や基準がある。これらの規則や基準を参考にしながら，施設・設備の整備や更新を行っていく必要がある。

　近年の学校図書館施設は教科学習の他にも探究的学習や問題解決学習などにも活発に利用されるようになっており，多様な学習形態に対応できるように，施設の機能別配置計画（ゾーニング），配架，サイン計画などについて考慮して，利用者にとって利便性の高い図書館レイアウトを実現していかなければならない。また，特別な教育ニーズを持つ利用者のために障害や能力差に係わらず利用できるよう「ユニバーサルデザイン」への配慮も求められるようになっている。

　図書館づくりにおいて，とくに重要になるのは蔵書構築（構成）であろう。蔵書構築は，①選書（方針・予算・選択・収集），②提供（分類・目録・装備・配架），③利用（追加・更新・統計・調査），④評価（点検・廃棄），⑤保存などからなる一連プロセスである。蔵書構築は図書館に関する専門的知識と多くの労力を要する活動である。学校図書館の蔵書の種類には，図書資料のほかに，雑誌，新聞，視聴覚資料，電子資料，ネットワーク情報資源，ファイル資料，パンフレット，自校独自の資料，模型等の図書以外の資料などがある。学校図書館担当者は，これらの学校図書館資料（学校図書館メディア）を図書館の目的，規則や基準だけでなく，学校の教育目標や利用者のニーズにも十分に配慮して，バランス良く計画的に整備していかなければならない。こうした間接的支援がしっかりと提供されたとき，学校図書館は"楽しい図書館"として，利用者の図書館に対する興味関心を引きつけることができるであろう。

　次に，直接的支援が行われる。直接的支援は図書館資料を収集・整理・保存・提供する役割を達成するために図書館担当者が利用者に対して行う援助である。直接的支援にはさまざまな支援があるが，どのようなものを提供するかは，学校図書館の置かれた状況や学校の教育目標，学校図書館の人員構成等によって変わってくる。したがって，どのような支援をするかその内容を精選していくことが必要である。直接的支援において，主な支援としてあげられるのが，貸出，レファレンスサービス，リクエストサービス，別置・展示などである。これらの支援を柱として，学校図書館の状況に応じて他の直接的支援の提供を考えていくことができる。これらの直接的支援をしっかりと提供することによって，学校図書館は利用者の疑問や要望に応える頼られる存在となり，"使える図書館"として利用者からの信頼を得ることができるようになる。

## （3）授業づくり

　学校図書館の図書館づくり（間接的支援と直接的支援）が充分に行われると，それを基に学校図書館における授業づくりが行われる。授業づくりは教育プログラムの支援と教育課程編成への支援などからなる。これは学校図書館法第2条の学校の教育課程の展開への寄与や児童生徒の健全な教養の育成，第4条第1項4の図書館資料の利用その他学校図書館の利用に関し児童または生徒に対し指導を行うことなどの規定，学習指導要領における児童生徒の主体的・対話的で深い学びの実現のための授業改善，自主的・自発的学習活動や読書活動の実施，資料の活用や情報の収集，地域の教育機関との連携などの役割にもとづく活動である。

　まず，教育プログラムの支援は，利用指導，読書指導を両輪として，図書委員会の指導，図書館行事などがある。これらの教育プログラムは，学校図書館担当者だけで行うのではなく，多くの教員と連携協力して進めていかなければならない。こうした教育プログラムの提供がしっかりと行われるようになると，より高度な教育課程への支援が可能となる。

　教育プログラムの支援では，学校図書館資源を活用した授業計画を立案し，

実施していく。こうした授業計画には，利用指導，読書指導，図書館行事の実施計画の作成，教科・総合的学習・道徳などさまざまな授業活動への支援が含まれる。さらにこれらは間接的支援と直接的支援からなる。間接的支援の主なものは，図書館の指導内容を精選し体系化した利用指導や読書指導の「体系表」の策定，各種の教育プログラムの作成，図書館利用予定表の作成，各種ワークシート・プリント類，パンフレットやリーフレット類の作成などがある。また直接的支援は，学校図書館の独自の時間（図書館の時間）を設定して図書館行事や図書館の利用法を図書館担当者が中心に指導する図書館主導型の授業，教科・総合的学習・道徳，特別活動などの授業の中で担当教員と図書館担当者がチームを組んで行う連携型の授業，授業に関連する学校図書館メディアの展示や準備などがある。

　しかし，いずれにしても学校図書館の物的・人的資源は限られており，学校図書館の支援内容をどう精選していくかが授業づくりの重要な課題である。学校図書館メディアに関する指導内容を体系化し，精選するために必要とされるのが，学校図書館メディアの指導の「体系表」である。これは，児童生徒が習得すべき学校図書館メディアに関する知識技能についての指導領域と児童生徒の発達段階に応じた指導系列にもとづき，指導事項をまとめた一覧表である。各指導事項は「〜のメディアを使い，〜することができる」というように記述され，利用するメディアや必要な知識・技能を明確に記述する。こうした体系表は教育委員会や学校等で作成されるが，その代表的な事例として全国学校図書館協議会の「情報資源を活用する学びの指導体系表」（2019 年）（巻末資料参照）がある。この体系表は，「課題の設定」，「メディアの利用」，「情報の活用」，「まとめ・情報発信」の学びの過程からなる 4 つの指導領域と，小学校（低学年・中学年・高学年），中学校，高等学校という学齢に応じた 5 段階の発達段階からなる指導系列によって，指導事項を体系的に配置している。こうした指導事項に学校の状況に応じて必要な指導事項を加味し，指導内容を精選することによって，学校図書館メディアに関する体系的，継続的な指導を行うことができる。

## （4）組織づくり

　日本の学校図書館経営の特徴は，非専任（兼任）の担当職員によって集団的に経営されている点にある。こうした集団的経営では経営責任の所在が不明確になり活動自体も形骸化し易くなるため，組織づくりにおいては，組織編成，職員配置，役割分担を明確化して，組織体制を整備していくことが必要である。学校図書館の組織編制として望ましい例として下記図表のような組織編制があげられる。

　学校図書館経営を学校経営に位置づけるためには，全校的視点から検討を行う委員会組織を設置することが望ましい。こうした委員会の構成員としては，管理職，教科・分掌・学年主任，学校図書館担当者などがあげられる。全校的な委員会の役割については次のようなものがあげられる。

①学校図書館運営委員会
　・図書館経営の基本方針や運営上の重要な問題を討議する
　・図書館にさまざまな人の協力と理解を得る
　・学校図書館経営を教育課程と有機的に関連づける
②学校図書館資料選定委員会
　・図書館資料の選定に学校の教育目標や教科の要望を反映する
　・図書館資料の選定に児童生徒・保護者・地域の要望を反映する

図表4-2　学校図書館の組織編制

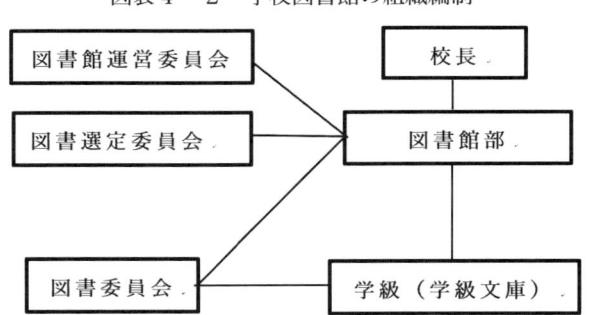

・学校図書館資料の選定基準・選定手続きを明確化する

　また，学校図書館の実務を行う校務分掌の組織として図書館部を設置する。図書館部は，全校的な図書館委員会組織の支援を受けて学校経営と有機的な連携を持って活動することができる。図書館部は教務部などの一係として配置するのではなく独立した部とする。そして，図書館部には図書館主任を置き，司書教諭，学校司書，係教員を配置する。図書館部は児童生徒の委員会組織の１つである図書委員会を指導したり，保護者や地域住民からなるボランティア組織と連携したりして学校内外の活動を円滑に進めていく。なお，近年は教育委員会が校長を学校図書館の館長として指名することも行われるようになっており，組織づくりにおいても校長の役割は重要である。

　組織づくりにおいて，学校図書館が学校経営と有機的に連携協力し，学校の教育課程と一体的に活動していくためには，次のような点を考慮することが必要である。

①学校全体で学校図書館の使命・目的・役割を共有すること
②学校図書館の校務分掌上の位置づけを明確にすること
③学校図書館が分掌間の連絡・相談・調整を行うこと
④学校図書館が学校の教育課程や教育計画等を把握すること

　そのためには，学校図書館の経営計画を学校全体で共有する仕組みや機会を提供し他の分掌と双方向的な関係を作っていかなければならない。学校図書館にはその経営計画を学校内の関連分掌に配布したり，職員会議や関連する委員会等で報告したりする広報活動が重要である。また，学校経営の責任者である校長等の管理職にも経営計画について説明し，理解を得ることも忘れてはならない重要な点である。司書教諭や学校司書が学校の教育活動に関する情報の積極的な収集・保存・提供を通じて，他の分掌と相互の連携を密にしていく日常的な働きかけや努力が必要である。

　それらの中で，学校図書館内での担当者間の協力がまず重要である。学校

　図書館経営の中核となる司書教諭は，図書館主任，学校司書，図書館係教員との協力を推し進めるよう常に配慮する必要がある。とくに教科等の学習支援や図書館行事の実施において，学校図書館内の協力がますます重要になってきている。こうした協力体制が確立したとき，学校図書館部は組織として活性化される。そのために重要なことは，まず図書館主任や司書教諭が学校図書館経営において，リーダーシップを発揮していくことである。

　しかし，そうしたリーダーシップを発揮できる人がいない組織においてはどのように協力を進め，図書館の活性化を図っていったらよいのであろうか。そのためには，図書館組織の3つの要素を確立していくことが肝要である。それは共通目的，協働意欲，コミュニケーションの確立である[注7]。共通目的を確立するためには学校図書館の目的・目標を明文化し，学校図書館担当者間で共通理解を図っていくことが必要である。また協働意欲を高めるためには図書館担当者間で図書館活動における成功体験を共有したり，それらの活動の教育的意義を理解したりすることも必要である。そしてコミュニケーションを確立するには図書館部会を定期的に開催して報告・連絡・相談を密にしたり，会議の欠席者にもしっかりと内容を伝えたりするなども有効である。学校図書館内の協力体制の確立は，図書館部が組織として活性化している時にはじめて可能になるのである。

　さらに2001年「子どもの読書活動の推進に関する法律」の制定によって，県や市町村では「子ども読書活動推進計画」の作成が進んできており，学校図書館と公共図書館の連携協力が積極的に進められている。また自治体によっては，学校図書館支援センターの設置や学校図書館ネットワークの構築も進められており，これらの学校図書館を支援する学校外の機関との連携協力も大変重要となってきている。こうした学校外の学校図書館支援機関との連携協力に際して，学校図書館が学校の窓口としての役割を果たしていくことも求められてきており，今後の学校図書館担当者の重要な役割となっている。

# 4 学校図書館担当者の役割と任務

　学校図書館担当者には，広義には校長，図書館主任，図書館係教員，司書教諭，学校司書などが含まれる。これらの学校図書館担当者の役割と任務は次のようなものである。

①校長は学校の校務をつかさどり，所属職員を監督する立場から学校図書館経営に参画し，学校における図書館長としての役割を担う。校長には学校図書館の運営・活用・評価に関してリーダーシップを発揮していくことが期待されており，各学校の状況に応じて校長の学校図書館における役割を明確化していくことが必要である。

②図書館主任はすべての学校に設置されている職務ではないが，校務分掌上の図書館に関する諸活動の企画立案や連絡調整を行い，必要に応じて司書教諭や学校司書などに指導・助言を行う。図書館主任は特別な資格の保持を必要とされないが，学校における図書館活動の直接的な責任者としての役割を担う。そのため，図書館主任は司書教諭が兼務する場合もある。

③図書館係教員は学校の校務分掌上で図書館活動を支援するために学年や教科から派遣され，図書館業務を兼務する教員である。学校図書館の授業支援において学年や教科との連携協力を推し進める重要な役割を担っている。

④司書教諭は学校図書館法第5条（司書教諭）に規定される学校図書館の専門的職務をつかさどり，学校図書館活動全体を総括する役割を担う職務である。そのため，司書教諭は「学校図書館司書教諭講習」を修了し，教育委員会等により発令された教諭でなければならない。司書教諭は教員の「充て職」（兼務職）となっているため，必ずしも専任であることは必要とされず，基本的に12学級以上の大規模校に必置されている。

⑤学校司書は司書教諭と同様に学校図書館法第6条（学校司書）に規定され，学校図書館の運営の改善および向上を図り，図書館利用の促進のために従事する専任事務職員である。学校司書の職務内容は専門的知識および技能を必要とするものとされるが，その配置は学校の設置者の努力義務にとど

まり，その身分は非常勤職員である場合も多い。

　これらの学校図書館担当者の中で，一般に学校図書館の専門的職員と位置づけられるのが司書教諭と学校司書である。これらの職員が学校図書館経営の中核を担っているが，その身分は学校図書館経営に必ずしも専念できない状況にあり，学校図書館専門職員の配置やその専門性の向上をどのように図っていくかが，学校図書館の最も大きな課題となっている。

　塩見昇は，司書教諭や学校司書が学校図書館専門職であるために必要な条件として，次の4条件をあげている[注8]。

①学校教育の目的達成に貢献し得る，教育に携わる専門職であること
②学校図書館の目的と機能に精通し，図書館の仕事を通して学校教育に課せられた役割の一端を担えること
③一日の仕事のすべて，もしくは大半を学校図書館の職務に専念できること
④学校図書館における仕事の経験を長期にわたって累積し，それを将来に生かせる保障を備えていること

　これらの条件で，①と②は職務の教育と図書館における専門性，③は専任の職務であること，④は正規の職務であるべきことがあげられている。つまり，学校図書館専門職の条件は，端的に言えば専門・専任・正規の職員であることである。しかし，現状において司書教諭と学校司書は，これらの3条件をすべて満たしている訳ではない。

## （1）司書教諭の専門的役割と任務

　司書教諭の役割は，学校図書館の管理運営を通して教育課程の展開や児童生徒の健全な教養の育成に寄与し，学校の教育目標を達成することにある。こうした役割を実現するために，司書教諭が行う職務は，（a）管理的職務，（b）運営的職務（技術的職務，奉仕的職務，指導的職務）に大別することができる[注9]。これらの職務区分をより細分化して，管理的職務，技術的職務，

奉仕・指導的職務の3区分や，奉仕と指導を分けて4区分として学校現場では広く使われている。その具体的な任務としては次のような職務内容があげられる[注10]。

①管理的職務

 a 図書館経営の基本方針の立案および実施

 b 校内の各部門との連絡・協力・調整

 c 職員会議などへの議案の作成と提出

 d 図書館諸規則の立案と検討

 e 研修の計画と実施

 f 事業計画および予算案の作成と執行

 g 事業および決算報告の作成と報告

 h 調査統計の実施と分析・利用

 i 諸記録，帳簿，書類の保管

②技術的職務

 a 図書館資料の選択

 b 図書館資料の発注，購入

 c 図書館資料の受け入れ，諸帳簿への記入

 d 目録の作成および編成

 e 資料の装備および配架，修理，製本

 f 書架の管理

 g 図書以外の資料の整理と管理

 h 新聞，雑誌記事索引などの二次資料の作成

 i 資料の点検，除籍

 j 除籍資料の手続き

③奉仕的職務

 a 館内閲覧，館外貸出の業務

 b レファレンスサービス

 c 資料案内，読書相談

 d 教員の教材準備への援助と協力

　　e 図書館の広報活動

　　f 図書館資料の紹介と案内

　　g 学校行事などへの援助と協力

　　h PTA・家庭・地域への奉仕活動

④指導的職務

　　a 教育課程の編成・展開への協力

　　b 学校図書館の利用指導の全体計画の立案と実施

　　c 読書会などの指導

　　d 図書館活動，図書館行事の計画と立案（ブックトークなど含む）

　　e 図書委員会活動の指導

　これらを見ると司書教諭の行う職務内容は多種多様であることがわかる。また，学習指導要領の「総則」や「学校図書館ガイドライン」などにあげられた学校図書館の教育的役割や活動事項を実現するために必要な職務もこれらに含まれてくるであろう。したがって，司書教諭が兼任である場合は学校図書館担当者間の役割や職務分担を明確にしていくことが必要である。

　こうした司書教諭には読書・学習・情報センターとしての学校図書館経営を行うための高い資質能力が求められる。それについて，1998 年の『司書教諭講習等の改善方策について（報告）』（学校図書館の充実等に関する調査研究協力者会議）では次のような点があげられている。

　　・読書活動等を通した児童生徒の豊かな人間性の育成に関する見識

　　・学校図書館の経営能力

　　・時代の変化に迅速に対応し得る情報教育の担い手としての力量や柔軟
　　　性，知的好奇心，責任感

　　・学校の教育課程の展開と各種資料の活用に対する深い理解・見識

　　・児童生徒や教員，地域の人たちとのコミュニケーション能力

　これらの資質能力には，伝統的な読書に関する見識の他に学校図書館の経営能力や情報教育の担い手としての力量，コミュニケーション能力など新しい資質能力があげられている。これらの資質能力は，「学校図書館司書教諭講習」科目の履修や現場での研修によってその養成が図られている。

## （2）学校司書の役割と任務

　学校司書は，1953 年の学校図書館法の制定時に，附則第 2 項（司書教諭の設置の特例）において「学校には，当分の間，第 5 条第 1 項の規定にかかわらず，司書教諭を置かないことができる」とされたことにより，司書教諭不在の学校図書館に実務の担当者として，各自治体の独自の判断によって学校図書館事務職員，学校図書館補助員，読書指導員等のさまざまな名称で呼ばれ，雇用されてきた。そのため，現在でも学校司書の配置状況は地域や校種によって大きな格差が見られるだけでなく，その雇用条件もさまざまである。しかし，2016 年の学校図書館法改正によって学校司書の法的な位置づけが明確にされたことにより，その配置や雇用条件の改善が図られてきており，学校司書の果たす役割や任務に大きな期待が寄せられている。

　こうした学校司書に求められる役割や任務，資質能力については，2016年「これからの学校図書館担当職員に求められる役割・職務及びその資質能力の向上方策等について（報告）」（学校図書館担当職員の役割及びその資質の向上に関する調査研究協力者会議）の中で詳しく検討されている。学校司書の役割は，学校図書館の運営の改善および向上と児童または生徒および教員による図書館利用の促進にある。学校図書館の運営の改善・向上や利用の

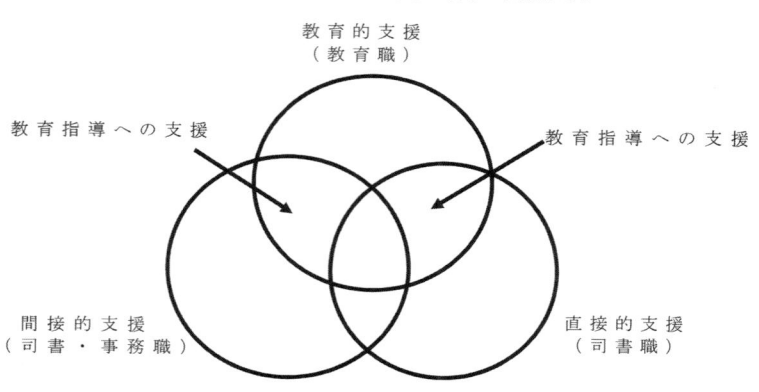

図表 4 − 3　司書教諭と学校司書の職務区分

促進とは，学校図書館を読書センター，学習センター，情報センターとして充分に機能するように学校図書館を活性化することに他ならない。そのために必要な職務として，同報告書では①「間接的支援」に関する職務，②「直接的支援」に関する職務，③「教育指導への支援」に関する職務をあげている。とくに教育指導への支援に関する職務は，学校図書館の専門職として学校司書が今後積極的に支援していくことが期待される職務内容である。

　こうした学校司書の職務の捉え方から，その任務の全体を考えてみると図表4－3のようになる。学校図書館専門職の任務は，教育的支援に関する職務内容（教育職担当），間接的支援に関する職務内容（司書職・事務職担当），直接的支援に関する職務内容（司書職担当）に分かれる。司書教諭は主に教育職を中心に全職務を担当し，学校司書は司書職を中心に事務職を担当するというのが従来の考え方である。これに対して教育指導への支援に関する職務は，図の教育的支援と間接的支援や直接的支援が重なる領域である。これらの職務領域は，従来は事務職である学校司書の職務の範囲外でもっぱら教育職が行う職務であると考えられてきた職務内容である。

　こうした教育指導への支援に関する職務内容は，実際には明確に区分できるものではなく，学校図書館担当者の構成や経験，資質・能力によって職務内容の範囲は学校ごとに異なるものである。学校司書の任務にこうした職務内容が位置づけられたことにより，「主体的・対話的で深い学び」のための授業改善に学校司書がより積極的に関与していくことができるであろう。

　一方，学校司書に求められる資質能力については，学校図書館運営に必要な専門的・技術的職務と児童生徒の教育活動への協力・参画等に従事する資質能力があげられている。これらは具体的に次のようなものである。

①学校図書館の「運営・管理」に関する職務に携わるための知識・技能
　・学校における学校図書館の意義に関すること
　・情報や資料の種類や性質に関すること
　・図書館資料の選択・組織化およびコレクション形成・管理に関すること
　・情報機器やネットワーク，情報検索に関すること

・学校図書館の施設・設備の管理に関すること

　・著作権や個人情報等の関係法令に関すること

②児童生徒に対する「教育」に関する職務に携わるための知識・技能

　・児童生徒の発達に関すること

　・学校教育の意義や目標・学校経営方針に関すること

　・学習指導要領にもとづく各教科等における教育内容等に関すること

　・学校図書館を利活用した授業における学習活動への支援に関すること

　・発達の段階に応じた読書指導の方法に関すること

　・校務や学校における諸活動に関すること


　これらの項目の中に児童生徒の教育に関する知識技能が多くあげられているのは，これまでの学校司書の専門的知識・技能の捉え方と異なるものである。これらの学校司書の資質能力については，2016 年「学校司書モデルカリキュラム」（10 科目 20 単位）にもとづき，その養成が図られている。

## （3）学校図書館専門職の責務

　こうした専門的知識・技能を持って，学校図書館職員がその力量を発揮していくとき，一般職員以上に高い倫理性が求められるのは当然である。これは専門職の代表としてよくあげられる医師や弁護士なども同様である。これらの専門職は高度な専門的知識を常に正しく行使することが責務として求められる。こうした専門職として遵守すべき責務をまとめたものが倫理綱領である。

　学校図書館専門職にはこうした倫理綱領は見られないが，図書館専門職全体としては，日本図書館協会が 1980 年に採択した「図書館員の倫理綱領」がある。これは図書館員が専門職として守るべき責務を規定したもので，「図書館に働くすべての職員を対象とする」ものである。その内容は，日本図書館協会が 1954 年に採択した「図書館の自由に関する宣言」に準拠し，これと表裏一体を成して図書館員の責務を明らかにしている。それには次の点があげられる。

①利用者に対する責任

　利用者を差別しない，利用者の秘密を洩らさない

②資料に関する責任

　図書館の自由を守り，資料の収集・保存・提供につとめる，常に資料を知ることにつとめる

③研修につとめる責任

　個人的，集団的に不断の研修につとめる

　こうした図書館員の責務は学校図書館専門職員にとっても留意すべき点である。学校図書館専門職員には，その専門的知識・技能にふさわしい責務を遵守していく常日頃からの努力が必要である。

# 5　学校図書館活動の評価と改善

## （1）評価の意義と目的

　これまで学校図書館経営においては，その成果を予測する際に学校図書館担当者の経験や勘を重視する傾向にあり，評価はあまり厳密には行われてこなかった。評価は学校図書館経営の有効性や効率性を客観的に判断する過程であり，またそれを次の改善へとつなげていく橋渡しとして重要な過程である。評価を行う目的は，おおむね次のような点があげられる。

　①図書館経営の目標の達成度を明らかにすること

　②図書館経営の問題点を明らかにすること

　③図書館施設，活動の水準を明らかにすること

　④図書館担当者の意思決定や経営計画の根拠をえること

　⑤PDCAからなる経営サイクルを確立すること

これらの他にも学校図書館の置かれた地域性や学校の教育課程から生じる目的をあげることができるであろう。

## （2）評価項目と評価尺度

　評価項目を達成するために，設定する評価項目は①目的に関する評価項目，②条件に関する評価項目，③活動（サービス）に関する評価項目に大別することができる。

①目的に関する評価項目
　使命・方針・目的・目標は適切か，十分に達成したか
②条件に関する評価項目
　施設・設備・職員・予算の管理運営は適切か，配置や配分は十分か
③活動（サービス）に関する評価項目
　活動内容は十分か，活動の程度は適切か

　これらの評価項目を正しく評価するために，学校図書館担当者は各種の調査を実施したり，活動を記録したりして正確に対象を「測定」し，一定の「尺度」にもとづきそれらを判定する。こうした測定と尺度は評価の重要な構成要素である。測定の対象になるのは，①投入（インプット），②産出（アウトプット），③成果（アウトカム）である。①投入（インプット）は生産のために使用した経営資源（人，物，金）の量であり，図書購入費や職員の人数などがある。②産出（アウトプット）は図書館活動の結果生み出された生産物やサービスの量や質であり，貸出冊数，レファレンスの実施回数などがある。③成果（アウトカム）は産出から生じた効果や影響であり，利用者の満足度，来館者数の増加などがある。これらの測定結果を判断する尺度には，代表的なものとしては①経済性（一定の産出量当たりの投入量），②効率性（一定の投入量当たりの産出量），③有効性（一定の産出量当たりの効果）などがある。
　こうした評価尺度について「学校図書館ガイドライン」では，インプット（施設・設備，予算，人員等），アウトプット（学校目線の成果），アウトカム（児

童生徒目線の効果）をあげている。利用者志向の学校図書館経営においては，とくにアウトカムの評価尺度が重視される。

## （3）評価の方法

　評価の方法はだれが行うかによって自己評価や第三者評価，収集するデータの種類によって量的評価や質的評価などがあり，評価する観点によってもさまざまな評価の方法がある。多くの場合はこれらの評価方法が複数組み合わされ実施されている。学校教育においては，2007 年に学校教育法が改正され，その第 42 条で学校の教育活動その他の学校運営の状況について評価を行い，学校運営を改善するために「学校評価」を行うことが新たに規定された。学校評価では，学校は教職員による「自己評価」，自己評価の結果を評価する「学校関係者評価」を実施し，必要に応じて外部の専門家による第三者評価を実施する[注11]。学校図書館担当者は，こうした学校評価の中に学校図書館の経営に関する評価項目を取り入れるよう働きかけていくことが必要である。しかし，学校経営評価の評価項目だけでは，学校図書館経営全般に関する評価を行うことは難しい，そこで，学校図書館経営に関する評価を別途実施していくことが必要になる。こうした学校図書館経営の評価の中心となるのは学校図書館担当者による自己評価である。

　自己評価は，学校図書館経営に問題が起きた時に適宜柔軟に実施できるという利点があるが，評価結果が主観的に陥りやすい傾向がある。そこで，何年かおきに学校図書館の外部の専門家による第三者評価を実施すると良いであろう。しかし，第三者評価では学校図書館経営に関して客観的な評価を行うことができるが，外部委員が評価に当たるため柔軟に実施することは難しくなる。

　学校図書館の総合的な評価方法については，学校図書館現場で最も利用されている全国学校図書館協議会の「学校図書館評価基準」（2008）がある。その内容は，①学校図書館の基本理念（3 項目），②経営（7 項目），③学校図書館担当者（4 項目），④学校図書館メディア（12 項目），⑤施設と環境（19 項目），⑥運営（10 項目），⑦サービス（5 項目），⑧教育指導・援助（9 項目），

⑨協力体制・コミュニケーション（5項目），⑩地域との連携（3項目），⑪学校図書館ボランティア（3項目），⑫他団体・機関との連携・協力（9項目），⑬児童生徒図書（館）委員会（7項目），⑭研修（4項目）の13領域100項目で構成されている。

　これらの項目の他にも学校図書館は，学校が置かれた地域の特徴，学校の教育目標，学校の施設・設備の状況などを考慮して独自の評価項目を策定し，それぞれの学校図書館の経営状況を正しく評価できるように取捨選択していくことが望ましい。こうした評価項目を作成する際は，学校図書館に関する種々の基準や指針を充分に考慮して作成することが必要である。

　また，学校図書館に学習支援の役割が重視されるようになるとともに，学校図書館の総合的な評価の他に，学習支援の評価に対する関心も高まってきている。

　米国の学校図書館では，学校図書館の使命に児童生徒の情報リテラシーの育成（情報を探索・活用する能力）が掲げられ，学校図書館の学習支援に積極的に取り組んでいる。そうした学習支援のための「学校図書館メディアプログラム」の評価では，学習の過程に対する評価（アセスメント）が大変重視されるようになっている[注12]。学習の過程に対する評価では，児童生徒の学習結果の他に学習態度，活動状況，知識・能力などの質や量を多面的に評価することが求められ，さまざまな評価法への関心が高まっている。こうした評価法には，チェックリスト，ルーブリック，学習記録，ポートフォリオなどがあげられるが，学校図書館担当者はこれらの新しい評価法についても知っておくことが必要になってきている。

## （4）評価データの収集と改善

　正しい評価を行うためには，適切な評価のためのデータの収集，すなわち測定が重要である。評価のためのデータは，主に日常の図書館活動の中で収集される。こうした日常的な活動のデータとしては，次のような記録・統計類があげられる。
①学校図書館日誌（図書館担当者が活動状況を記入，公簿に準じる帳簿）

②図書委員会日誌（図書委員会記録）

③貸出記録（特別貸出記録，貸出統計等）

④利用記録（施設利用統計・記録，レファレンス記録，読書相談記録等）

⑤各種実態調査（利用実態調査，読書実態調査等）

⑥その他の記録（各種計画，委員会議事録，会計記録，図書館行事，図書原簿等）

　学校図書館担当者はこれらの記録・統計類の作成の主たる責任を負っている。また，こうした記録・統計類の他にも，比較的規模の小さい学校図書館においては，図書館担当者と利用者の日常的な会話を記録し，整理したものも利用実態調査に相当する重要な質的なデータとなる。そうした意味では，学校図書館担当者による日々の正確なデータの収集と積み重ねが，より良い評価に結びつくのである。

　こうした各種の評価データの測定にもとづいて分析と評価が行われ，学校図書館経営の実態とさまざまな問題点が明らかにされる。しかし，評価はこれで終わるのではなく，こうした評価結果を改善につなげるためには，評価結果を適切にまとめた報告書と改善計画の作成が必要になる。そして，作成された報告書と改善計画は職員会議などで公表され検討されることによって，改善計画が実行に移され，次のより良い学校図書館経営計画の策定へとつながっていくことになる。

（平久江祐司）

〈注〉

（注1）塩次喜代明, 高橋伸夫, 小林敏男『経営管理』有斐閣アルマ　2009 年　p.11

（注2）日本教育経営学会編『教育経営研究の理論と軌跡』玉川大学出版部　2000 年　p.67

（注3）「シリーズ学校図書館学」編集委員会編『学校経営と学校図書館』全国学校図書館協議会　2011 年　p.74

（注4）『新版現代学校教育大事典（1）』ぎょうせい　2003 年　p.468-470

（注5）図書館情報学ハンドブック編集委員会編『図書館情報学ハンドブック第2

版』丸善，1999 年　p.762-763

（注 6 ）文部省編『学校図書館運営の手びき』明治図書　1959 年　p.49

（注 7 ）C.I. バーナード著，山本安次郎他訳『新訳経営者の役割』ダイヤモンド社，
　　 1968 年　p.85-95

（注 8 ）塩見昇『学校図書館職員論』教育資料出版会　2000 年　p.156-157

（注 9 ）文部省編『学校図書館運営の手びき』明治図書　1959 年　p.58-60

（注 10）渡辺重夫『司書教諭という仕事』青弓社　1999 年　p.148-150

（注 11）文部科学省「学校評価ガイドライン」（2016 年改訂）　p.62

（注 12）アメリカ・スクール・ライブラリアン協会，教育コミュニケーション工学
　　 協会編，同志社大学学校図書館学研究会訳『インフォメーション・パワー：学
　　 習のためのパートナーシップの構築』日本図書館協会　2000 年　p.195-205

# 第Ⅴ章　学校図書館の経営の実際

　学校図書館を効果的に運営し学校図書館の利活用を促すためには，校内体制の整備を通じて学校図書館を運営する組織を明確にする必要がある。学校図書館運営計画や学校図書館年間計画などを作成し，継続的に学校図書館の充実を目指すことが重要である。また，学校図書館の充実を図る上で，学校図書館の施設・設備の拡充や，学校図書館メディアの収集，整理，提供に努めることは必須である。学校図書館の利活用を図る上で，児童生徒や教職員を対象とした広報活動や行事を定期的に行うことも必要である。

　そこで，本章では，まず校内体制の整備による学校図書館の効果的な運営と管理について述べる。次に，学校図書館の充実を図る上で重要と考えられる学校図書館の施設・設備のあり方について，文部科学省や全国学校図書館協議会による指針や基準などにもとづき論じる。また，学校図書館の施設・設備と同様に重要な学校図書館メディアについて，収集，整理，提供にあたり留意すべき点などを考察する。さらに，学校図書館の利活用を促進する上で必須の広報活動や行事・集会活動について述べる。

## 1　学校図書館の効果的な運営と管理

### （1）学校図書館の運営と運営組織

　学校図書館の運営について考えるにあたり，まずは学校経営の一環として学校図書館の運営に留意することが大切である。

　学校経営の重要なプロセスとして，学校経営計画が策定される。学校経営計画は，学校づくりの基本理念，方向，戦略，実践を包み込む学校経営の設計図であり，以下の３つの領域に分類できる[注1]。

①学校づくりの方向策定にかかわるビジョン・戦略計画（中・短期目標を含む）

②学校づくりを実現する資源の準備にかかわる経営構造計画

③学校の業務と活動の計画にかかわる部門計画（教育，人事，財務などの部門計画，および教職員の業務分担計画を明示したもの）

なお，学校経営計画の策定にともない，PDCA（計画・実施・評価・改善）のマネジメントサイクルの仕組みが学校に導入される。

学校経営方針は，学校経営計画として年度ごとに校長が作成するものであるが，そのなかに読書推進や学校図書館の活用を盛り込み，学校図書館を学校教育に位置づけることが肝要である[注2]。

また，たとえ人事異動があるとしても，学校図書館が読書センター，学習センター，および情報センターとして充分に機能し，学校の教育課程の展開に寄与し，円滑に運営されるように，校内での学校図書館の運営組織を明確にすることが大切である。

実際に校内に司書教諭や学校司書が配置され，学校図書館の運営に責任を負う学校図書館主任がいるとしても，学校全体で組織的に学校図書館の運営に取り組む体制を維持するためには，学校図書館運営委員会を設置することが必要である。学校図書館運営委員会は，幅広い視野から学校図書館の運営がなされるように，学校図書館主任，司書教諭や学校司書などに加えて，各教科や各学年の代表などを含む全校的なメンバーで構成する必要がある。学校図書館運営委員会では，学校図書館に関するさまざまな計画や基準，規程などを策定する。学校の規模などにより教職員の人数などに違いが見られるので，学校図書館運営委員会委員の人数に関しては無理のない範囲で決めることが望ましい。

また，図書委員会は，児童生徒が特別活動のなかの委員会活動の1つとして学校図書館の運営に参加できるように，多くの学校で設置されている。司書教諭や学校司書などの指導や助言のもと，より良い学校図書館づくりを児童生徒の視点で行う図書委員会の役割は重要である。

## （2）学校図書館に関する計画

　各学校の教育課程，各学校図書館の規模や環境などに応じて，学校図書館に関する運営などの計画はさまざまであるが，代表的なものとして「学校図書館全体計画」「学校図書館運営計画」および「学校図書館年間計画」について述べる。

① 「学校図書館全体計画」

　「学校図書館全体計画」は，各学校の教育目標に対して学校図書館がいかに寄与するかを示すものである[注3]。そのため，教育目標を達成するための学校図書館の機能と目的，および重点目標が提示されている。また，各教科や読書活動などに学校図書館がいかに貢献するかについても，計画として盛り込まれる。さらに，保護者や地域社会，および公共図書館とどのように連携をすすめていくかについても，具体的な計画として示すことが望ましい。地域社会も視野に入れながら，全校で学校図書館に関する理解を共有し，学校図書館の積極的な利活用を図る上で，「学校図書館全体計画」は意義がある。

② 「学校図書館運営計画」

　「学校図書館運営計画」は，学校図書館の活動を「学校行事・図書館行事など」「図書館業務」「委員会活動」「その他」などに分類した上で，通年としての計画を立て，さらに4月〜翌年3月までの月ごとの活動内容を詳細に計画したものである[注3]。例えば4月では，「学校行事・図書館行事など」として図書館オリエンテーションの実施，「図書館業務」として詳細な学校図書館運営計画の作成やオリエンテーション資料の作成，「委員会活動」として本の返却の呼びかけなどがあげられる。このような学校図書館運営計画により，校内での学校図書館の活動が行われる。

③ 「学校図書館年間計画」

　「学校図書館年間計画」は，「学校図書館運営計画」をもとに学校全体の年間指導計画に対応して作成される[注4]。なお，年間指導計画にあらかじめ学校図書館の活用を位置づけておくと，より多くの教員が授業で学校図書館を活用することにつながる。ちなみに，2018年度学校図書館調査報告によれば，

学校図書館の活用が年間指導計画に位置づけられていたのは，「小学校」が87.5％と最も多く，次いで「中学校」（59.9％），「高等学校」（42.0％）の順である[注5]。学校図書館の活用が年間指導計画に位置づけられていない学校が，とくに高等学校や中学校において多い傾向にある。学校図書館の活用に関する経験が，その後の図書館利用習慣の形成や豊かな生涯学習につながる。すべての校種において学校図書館の活用を年間指導計画に位置づけることが望ましい。

　「学校図書館年間計画」の作成にあたり，留意すべき点は以下のとおりである[注6]。


　（ⅰ）教員と連携しながら，各学年・各教科の年間の授業内容を把握する。授業に対応する資料提供や展示などを学校図書館で行い，授業での学校図書館の活用を促す。

　（ⅱ）学校行事や季節にふさわしい資料提供，展示，行事などを通じて，児童生徒による読書や図書館利用が楽しいものになるように努める。


## （3）学校図書館の館則と諸規程

　前述のように，学校図書館の運営は，学校の教育目標や学校図書館の重点目標などにもとづき，全校的な視点から計画的・組織的に行う必要がある。学校図書館の運営を計画的・組織的に行うためには，学校図書館の館則や諸規程が必要である[注7]。なお，館則に類するものとして，館内規則や運営規則などを定めている学校図書館もある。

①館則や諸規程の意義

　学校図書館の館則や諸規程の意義は，大きく以下の3つである。

　（ⅰ）学校教育では，教育活動に関する説明責任が求められている。そこで，学校図書館の館則や諸規程があれば，学校図書館の運営や活動は館則や規程に基づいて行われるので，説明責任が求められた時に

は根拠となる。

（ⅱ）たとえ司書教諭や学校司書などの学校図書館担当者が人事異動など
により代わったとしても，館則や諸規程に則って学校図書館の運営
を行うことで運営の継続性が保持される。

（ⅲ）社会に開かれた教育課程をめざすこれからの学校においては，館則
や諸規程を教職員，児童生徒，保護者や地域住民に示すことで，学
校図書館に関する理解を深めることにつながる。

②館則の内容と諸規程の種類

学校図書館の館則のもとに，諸規程を整備することが考えられる<sup>（注7）</sup>。

（ⅰ）館則　館則の内容としては，学校図書館の目的，組織，運営，学校
図書館メディアの種類，利用方法や利用者に関する事項などがあげ
られる。

（ⅱ）諸規程　例えば，学校図書館運営委員会規程，学校図書館運営規
程，学校図書館利用規程などが該当する。

③館則や諸規程の作成と運用

館則は，学校図書館の運営を規定する基本となる規程であるので，頻繁な
改訂のないように長期的な展望のもとに作成する。一方，諸規程は社会の変
化や科学技術の進歩などに応じて，適宜改訂を行うことが考えられる。学校
図書館の運営に関する審議などの折には，これらの館則や諸規程を全員で見
直し，確認する必要がある。

## （4）学校図書館運営マニュアル

都道府県教育委員会などを対象に実施した学校図書館運営マニュアルの内
容に関する調査結果から，多くのマニュアルは，学校図書館運営の方針や手
順を明確にするというよりも，学校図書館運営を活性化するためのアイデア
の提供を意図して作成されていたことが明らかになった。すなわち，年間運
営計画例，調べ学習・探究的な学習の指導案やワークシート，読書指導の事
例，掲示物・展示物の例などを中心に構成されているマニュアルがほとんど
であった<sup>（注8）</sup>。

本来の学校図書館運営マニュアルは，安定的な学校図書館運営を行うための方策の１つとして，学校図書館運営に必要な基準や業務内容が示されているものである。例えば，図書館運営の方針，年間運営計画の立て方，図書館組織の位置づけ，学校図書館担当者の役割分担などが，学校図書館運営マニュアルの内容項目として考えられる。このようなマニュアルの作成に加えて，後日のために学校図書館運営に関する記録を取っておくことも大切である。

## 2　学校図書館の施設・設備

### （１）学校図書館の施設・設備に関する手引き

　学校図書館の施設・整備に関する手引きとして，文部科学省による「学校施設整備指針」と全国学校図書館協議会による「学校図書館施設基準」をあげることができる[注9]。

①文部科学省による「学校施設整備指針」

　「学校施設整備指針」[注10]は，学校教育を進める上で必要な施設機能を確保するために，学校施設の計画および設計における留意事項を示したものである。本指針は，幼稚園，小学校，中学校，高等学校，特別支援学校と校種ごとに策定され，最近では幼稚園が2018年3月に，それ以外は2016年3月に改訂された。なお，本指針では，「重要である」「望ましい」「有効である」という3つの考え方で表現されている。

　学校図書館については「図書室」という名称で，以下のように「第3章　平面計画」および「第4章　各室計画」において述べられている。

　（ⅰ）平面計画
　　（小学校・中学校）
　　・十分な広さの空間の確保と児童（生徒）の活動範囲の中心的な位置に計画することが重要である。
　　・図書，コンピュータ，視聴覚教育メディアその他学習に必要な教材等

を配備した学習・メディアセンターとして計画することも有効である。

・学習・研究成果の展示できる空間を計画することも有効である。

（高等学校）上記の３点に加えて，以下のように述べられている。

・自習スペースやグループ学習で利用できる室・空間を計画することも有効である。

（特別支援学校）共通学習空間のなかに図書室等を位置づけている。

・利用内容に応じ必要な規模の確保と普通教室等から利用しやすい位置に配置することが重要である。

・高等部においては，職業の専門教育に関する図書等の書架やコンピュータの活用のためのスペースを計画することが重要である。図書室内にグループ学習で利用できる室・空間を計画することも有効である。

（ⅱ）各室計画

（小学校・中学校）

・多様な学習活動に対応することができるよう面積，形状等を計画することが重要である。

・１学級相当以上の机及び椅子の配置，児童（生徒）数等に応じた図書室用の家具等を利用しやすいよう配列できる面積，形状等とすることが重要である。

・学習センター的な機能，情報センター的な機能，読書センター的な機能について計画することが重要である。

・司書教諭，学校司書，図書委員等が図書その他の資料の整理，修理等を行うための空間の確保が望ましい。

・資料の展示，掲示等のための設備を設けることのできる空間の確保も有効である。

・図書を分散して配置する場合は，役割分担の明確化，相互の連携に十分留意した計画が重要である。

上記の小学校・中学校における各室計画においては，さまざまな学習活動への対応，授業での図書室の活用についての配慮，学校図書館の３つの機能の実現を目指す空間作り，学校図書館の運営にかかわる教職員や児童生徒の居場所作り，学校図書館の広報活動の充実，校内での学校図書館をめぐる連携協力など，学校図書館のさらなる利活用を目指すための基本的な考え方が示されている。

　（高等学校）上記の６点に加えて，たとえば図書と電子情報源の両方に対応できるハイブリッド学校図書館の実現，生徒が学習センターとして学校図書館をさらに活用するための方策についても，示されている。
　（特別支援学校）固有の計画として，「視覚障害に対応した施設」と「肢体不自由又は病弱に対応した施設」について述べられている。たとえば，前者については，ボランティアによる点字図書の整理等の作業や打ち合わせ等のためのスペースを計画することも有効であるとしている。一方，後者では，車いす等で移動する幼児児童生徒が円滑に図書の出し入れや閲覧などを行うことができるように計画することが重要であるとしている。

　以上のように，「学校施設整備指針」では具体的な数値基準までは示していないものの，校内で他の教室などとの関連性のもとに学校図書館をいかに配置するかという観点から，基本的な考え方を示している。
②全国学校図書館協議会による「学校図書館施設基準」
　「学校図書館施設基準」[注11]は，学校図書館において展開される活動には，サービスを提供する側であるスタッフの活動とサービスを受ける側である児童生徒・教職員の活動という２つの側面があることをふまえて，これらの諸活動を円滑に実施するためには，施設上どのような観点や配慮が必要であるかを示した基準である。なお，本基準は，全国のどこの地域やどこの学校においても，学校図書館の活動を達成するためには最低これだけの施設が必要であるという必要最低限の条件を示したものである。

　本基準は，以下に示すように「学校図書館施設の基本原則」「スペースごとの最低必要面積」「建築および設備の条件」の３部により構成されている。

（ⅰ）学校図書館施設の基本原則
　・学校図書館は，専用の施設として設ける。
　・学校図書館の位置は，児童生徒の移動の実際を考慮し，校内の利用しやすい場所に設ける。
　・学校図書館施設に設けるスペースとして，以下のスペースがあげられる。
　　（必ず置くべきスペース）学習・読書・視聴スペース，ブラウジング・スペース，コンピュータ利用スペース，配架スペース，受付スペース，スタッフスペース，保存・収納スペース
　　（一定規模以下の学校では他スペースと共用してもよいスペース）検索スペース，展示スペース，図書委員会スペース，教職員の研究スペース，制作スペース
　　なお，他にはネット面積や交通部分（各スペースを利用するために往来する通路スペース）があげられている。
　・学校図書館の面積は，小学校６学級，中学校３学級，高等学校３学級の規模の学校で，同時に２学級が利用できる広さとする。なお，さらに学校の学級数が多くなると，学校図書館を同時に利用できる学級数は増加する。
（ⅱ）スペースごとの最低必要面積
　　校種や学校規模により，学校図書館のスペースごとの最低必要面積が示されている。前述の必ず置くべきスペースは，学校規模によらず，必ず設けなければならない。スペースごとの最低必要面積の合計が，学校図書館施設全体の最低必要面積となる。
（ⅲ）建築および設備の条件
　・設備として，吸音と遮音，換気・暖房・空調，照明，搬送，放送・通信，電源・コンセント，給排水などが示されている。

・照明については，学習や読書，視聴，その他の活動に必要な明るさの確保につとめること，人工照明による机上照度は300ルクス以上であることが記されている。

　「学校図書館施設基準」は前述の「学校施設整備指針」と比べて，学校図書館のみに着目しているので，学校図書館のスペースごとの最低必要面積の数値も含めて詳しい基準を設けている。なお，学校図書館の面積を同時に複数の学級が利用できる広さとしていることは，児童生徒の教育上望ましい。

　例えば，１つの学級で授業の際に学校図書館を使用しているとしても，同時に他の学級の児童生徒による学校図書館の利用も可能である。また，複数学級による合同授業などで学校図書館を利用することもできる。

## （2）学校図書館の施設・設備に関する留意点

①学校における学校図書館の立地条件

　学校図書館は，読書センター，学習センター，および情報センターとして機能しており，学校の教育課程の展開に寄与するなど学校教育において重要な役割を果たしている。したがって，学校図書館は児童生徒や教職員が日常的に利用できるように，校内の利用しやすい場所に設置することが重要である。

　例えば児童生徒が登校してから下校するまでの移動経路に沿い，行きやすい場所に学校図書館を設置すること，あるいは児童生徒が必ず通る学校の中心に設置することなどが考えられる。また，最近では授業の中で必要に応じて学校図書館の資料や情報を活用することも多い。そのような場合にも対応できるように，学校図書館はそれぞれの一般教室からの移動距離が短いことも大切である。

　これらのことをふまえて，児童生徒，および教職員などにとってアクセスしやすく足を運びやすい場所に学校図書館を設置することが肝要である。

②学校図書館内の空間構成

　学校図書館の規模にもよるが，学校図書館が読書センター，学習センター，

および情報センターとして機能するためには，以下のようなスペースが必要である。

（ⅰ）書架スペース

　　学校図書館メディアを配架しておく書架のためのスペースである。原則としてNDCの分類記号により配架されているが，大きさが異なる場合，特定のテーマの図書をまとめる場合，および参考図書の場合などは別置されている。児童生徒が必要な資料を短時間に見つけられるように，どのような資料がどの場所に配架されているかなど書架に関するわかりやすいサインが大切である。

（ⅱ）学習スペース

　　個別学習，グループ学習，一斉授業など学校図書館ではさまざまなタイプの学習活動が行われる。そのような異なる学習活動に対応できるように，テーブル，椅子，ホワイトボードなどの設備に加えて，ICT環境を整えることが肝要である。それらの設備や環境は，学習活動に応じて柔軟に整備されることが望ましい。

（ⅲ）読書スペース

　　一人でじっくり読書に集中したいと考えている児童生徒に，一人用のキャレル（個人用閲覧机）などを備え，静かな読書環境を提供する。

（ⅳ）視聴スペース

　　学校図書館に備えているDVDなどの視聴覚資料を視聴できるブースなどを用意する。

（ⅴ）参考図書コーナー

　　百科事典，専門事典，言語辞書，目録・索引などの参考図書（以下「レファレンスブック」）などを備え，児童生徒の探究的な学習を支援する。予算やスペースに限りはあるが，クリティカル・シンキング（批判的思考）の育成支援に向けて，できる限り異なる種類の最新のレファレンスブックを備えることが大切である。

（ⅵ）検索コーナー

　　学校図書館の蔵書を検索するためのOPAC（Online Public Access

Catalog：オンライン閲覧目録）に加えて，例えば，新聞記事データベース，雑誌記事データベース，インターネットなども検索できる情報環境を整えると，児童生徒の情報活用能力の育成支援につながり，情報センターとしての学校図書館の存在意義も大きくなる。

（vii）ブラウジング・スペース

ソファなどがあり，くつろいだ雰囲気のブラウジング・スペースには，雑誌，マンガ，新聞などを配架しておくと，それらを目当てに来館する利用者も増える。

（viii）展示スペース

図書館から利用者への定期的な情報発信に加えて，児童生徒の学習の成果物，授業に関する展示など，展示スペースを活用して相互にコミュニケーションを図ることができる。展示スペースの展示物を楽しみに定期的に来館する児童生徒も見受けられる。

（ix）カウンター

貸出，返却，予約，リクエストなどに加えて，読書アドバイス（読書案内，読書相談とも言う。以下「読書アドバイス」）やレファレンスサービスなど利用者とのコミュニケーションを通じて利用者に直接的なサービスを提供することができる。利用者のニーズや学校図書館に何を求めているかを知ることは，後日の図書館サービスのさらなる向上につながる。

（x）準備室

学校図書館担当者が学校図書館に関する作業を行うための場所であり，また，図書委員会が活動する場所でもある。カウンターの近くにあると，作業に関する打ち合わせを円滑に行うことができる。

（xi）書庫

劣化がすすみ，または何らかの理由で利用頻度が少なくなり，廃棄すべきか様子を見ている資料，また，常に利用されるとは限らないが所蔵しておくと利用が見込まれる資料については，書庫に保管しておくことが考えられる。

③学校図書館におけるユニバーサルデザインの実現

　ユニバーサルデザインの目標とは，人間中心主義の視点から万人にとって
よりよく機能するデザインを実現することである[注12]。2016 年 4 月 1 日か
ら「障害を理由とする差別の解消の推進に関する法律」（以下「障害者差別
解消法」）が施行された。障害者差別解消法にもとづき，障害のある児童生
徒に対して「合理的配慮」の提供が国公立学校では義務とされ，私立学校で
は努力義務とされた。「合理的配慮」とは，社会のなかにあるバリアを取り
除くために，負担が重すぎない範囲で対応する配慮のことである。例えば学
校図書館では，書架の間隔を広げ車椅子での利用をしやすくすること，書架
を低くすること，照明を明るくすること，点字資料を用意すること，拡大文
字の資料を導入することなどが考えられる。

　図表 5 － 1 は，障害者差別解消法への対応について，全国の学校図書館を
対象に実施した調査の結果をまとめたものである[注13]。小学校，中学校，
高等学校のいずれも，「何もしていない」ところが最も多い。「スロープの設置」
は，実施された対応としてすべての校種で多いが，前述のように書架の間隔
を広げ書架を低くするという車椅子への充分な対応にまでは至っていない。

図表 5 － 1　障害者差別解消法への対応（上位 4 位）

| 校種<br>順位 | 小学校 | 中学校 | 高等学校 |
|---|---|---|---|
| 1 位（％） | 何もしていない<br>（44.3） | 何もしていない<br>（46.1） | 何もしていない<br>（47.0） |
| 2 位（％） | スロープの設置<br>（26.2） | スロープの設置<br>（18.4） | スロープの設置<br>（18.0） |
| 3 位（％） | 研修会の開催<br>（13.3） | 大活字・点字図書の<br>購入<br>（12.5） | リーディングトラッ<br>カーの用意<br>（10.0） |
| 4 位（％） | 大活字・点字図書の<br>購入<br>（11.8） | 研修会の開催<br>（7.2） | 館内サインの改善<br>（8.0） |

全国学校図書館協議会『学校図書館』2018 年 11 月号／通巻第 817 号　p.70　図 20 より作成

ユニバーサルデザインの考え方で学校図書館の環境を整えることが，障害者だけではなく，すべての利用者に使いやすく居心地のよい学校図書館につながることを認識することが肝要である<sup>(注14)</sup>。

# 3　学校図書館メディアの収集と整理

　読書センター，学習センター，および情報センターとしての機能の充実を目指している近年の学校図書館では，従来の図書をはじめとする印刷資料に加えて，視聴覚資料，および電子メディアなどさまざまな種類の学校図書館メディアの利活用を図ろうとしている。そこで，以下に，学校図書館メディアの種類について示し，さらに学校図書館メディアの収集と整理に関する一連のプロセスについて論じる。

　なお，一般に，図書館サービスは，館種を問わず，テクニカルサービス（Technical Service）とパブリックサービス（Public Service）とに分けられる。前者は，図書館メディアの収集や整理など，図書館メディアを利用者に提供するための準備にあたり，利用者と間接的にかかわることから，間接サービスとも言われている。一方，後者は，貸出，読書アドバイス，レファレンスサービスなど図書館利用者と直接コミュニケーションを取りながら行うサービスであるので，直接サービスとも呼ばれている。パブリックサービスが適切に行われるためには，事前にテクニカルサービスが充分に行われていなければならない。すなわち両者は，車の両輪のように密接な関係にある<sup>(注15)</sup>。

## （1）学校図書館メディアの種類

　学校図書館メディアには，以下のような種類がある。

①印刷資料

　印刷資料は，学校図書館メディアのなかで大部分を占めている。大きく，図書，逐次刊行物，その他に分けられる。

　（ⅰ）図書

　　　図書は学校図書館メディアの中心的な存在であり，授業などで幅広く

活用されている。図書には，単行書の他に，叢書などのシリーズものや全集などと称されるセットものがある。また，最初から最後まで通読することを目的とせずに，必要に応じて該当の箇所のみを参照して調べるために利用する百科事典，専門事典，言語辞書，図鑑，年表などのレファレンスブックもある。レファレンスブックは児童生徒の探究的な学習に役立つとともに，レファレンスサービスのためのツールとしても重要である。なお，学校図書館に特有な図書として，絵本をあげることができる。

（ⅱ）逐次刊行物

　逐次刊行物とは，完結を予定せず，同一のタイトルのもとに，一般に巻次，年月次を追って，個々の部分（巻号）が継続して刊行される資料のことである[注16]。雑誌，新聞，年報，年鑑，団体の紀要などさまざまなものがあるが，学校図書館が主に受け入れている逐次刊行物は，新聞および雑誌である。

　NIE（Newspaper In Education：教育に新聞を）に取り組んでいる学校も，近年では増えつつある。図書には掲載されていない最新の情報を的確に収集するためには，新聞や雑誌の存在は欠かせない。

（ⅲ）その他

　その他の印刷資料として，冊子，パンフレット，リーフレット，切抜資料などがあげられる。これらは，あらかじめ各教科の単元などに合わせて主題を設定しておき，情報ファイルとして主題ごとにまとめておくと，児童生徒の学習に有益な資料となる。

②視聴覚資料

　視聴覚資料としては，利用にあたり再生機器などが必要であるオーディオ・ソフト，ビデオ・ソフトと，再生機器などを必要としない紙芝居をあげることができる[注17]。学校図書館で視聴覚資料を備える際には，再生機器もいっしょに整備しておく必要がある。

③電子メディア

　電子メディアは，CDやDVDなどの記録媒体として発行されてきたパッ

ケージ系の電子メディアと，インターネットを通じて検索し入手し利用するネットワーク系の電子メディアに分けられる。パッケージ系の電子メディアとして，電子辞書などがあげられる。一方，ネットワーク系の電子メディアとしては，コンテンツをタブレット端末などにダウンロードし再生する電子書籍，新聞記事データベース，および雑誌記事データベースなどがある。また，インターネット上のさまざまなウェブサイトやウェブページもオープンデータベースとして，ネットワーク系の電子メディアと考えられる。

　これからの学校図書館では，図書などの印刷資料に加えて，視聴覚資料や電子メディアなどさまざまな種類の学校図書館メディアを備え，児童生徒の学びを豊かにするように創意工夫が求められる。

　なお，学校図書館メディアには，その他学校教育に必要な資料として，教材・教具なども含まれる。

## （2）学校図書館メディアの選択

　学校図書館は，学校の教育課程の展開に寄与し児童生徒の健全な教養を育成するために，子どもの学びに対応した多様な学習教材と，子どもの主体的な読書を促すように子どもの希望を採り入れた適書を備えることが肝要である[注18]。また，教職員の教材研究のための学校図書館メディアも必要である。このような学校図書館の蔵書を構築するために，学校全体で組織的，かつ計画的に学校図書館メディアの選択にあたることが大切である。

　学校図書館メディアの選択にあたり留意すべき点を以下に述べる。
①学校全体で協議し，学校図書館メディア選定基準を明文化する

　各学校の実情などに対応した学校図書館メディア選定基準を制定することにより，学校図書館としてどのような蔵書構築を目指しているかが明らかとなる。また，実際に学校図書館メディアの選択にあたる教職員や，リクエストを考えている児童生徒には，判断基準となる。さらに，このような基準があることは，社会に開かれた学校として，地域社会の信頼を得ることにもつながる。なお，各学校で学校図書館メディア選定基準を明文化するにあたり，「全国学校図書館協議会図書選定基準」や既に制定されている他校の基準な

どを参考にすることも考えられる。「全国学校図書館協議会図書選定基準」では，図書選定に関する一般基準と百科事典・専門事典などの部門別基準が示されている[注19]。

②学校全体で学校図書館メディアの選択を行うために，校内に学校図書館メディア選定委員会を設ける

　学校図書館メディア選定基準にもとづき，学校図書館メディア選定委員会での審議を経て，選択するかどうかを決定することは重要である。本委員会の構成員として，学校図書館主任，司書教諭，学校司書などに加えて，各教科や各学年からの代表者などを迎え，学校全体の意見が選定に反映されることが大切である。

　なお，選定にあたり，現物を直接手にして内容の確認をしてから行う「直接選択」と，出版流通情報のリストや各種の書評など選書のためのツールを利用して行う「間接選択」とがある。各校の実情に合わせて，選定方法については柔軟に考えることが望ましい。

③「学校図書館図書標準」や「学校図書館メディア基準」などに留意し，質量ともに充分な学校図書館メディアを備える

　「学校図書館図書標準」は，1993年に当時の文部省が学校種別，および学校規模ごとに学校図書館に備えるべき図書の冊数を数値目標として提示したものである。その後，2007年に特別支援学校制度の創設にともない，これまでの盲学校，聾学校，および養護学校に係る「学校図書館図書標準」が文部科学省により改正された[注20]。

　一方，「学校図書館メディア基準」[注21]は，2000年に全国学校図書館協議会が，図書に加えて新聞，雑誌，オーディオ・ソフト，ビデオ・ソフト，コンピュータ・ソフトも視野に入れて，学校種別，および学校規模ごとに数量基準を示したものである。また，蔵書の配分比率を提示し，年間購入冊数と年間購入費の算出に関する計算式にも言及している。さらに，運用に関する事項として，「蔵書冊数が基準に達していない場合には，10年間を目途に整備を図るものとする」「図書，オーディオ・ソフト，ビデオ・ソフトは10年間，コンピュータ・ソフトは3年間を目途に更新を図るものとする」など，

規模に加えて，主題のバランスや鮮度にまで配慮した学校図書館メディアの充実を目指そうとしている。

　実際の学校図書館がこれらの基準をどのくらい満たしているか，客観的なデータをもとに判断し，改善に向けた方策を立て実施することが肝要である。

## （3）学校図書館メディアの分類と目録作成

　学校図書館メディア選定基準にもとづき学校図書館に受け入れた学校図書館メディアに対して，分類表を用いて主題から分類記号や図書記号などを付与する。この作業を分類作業と呼んでいる。日本のほとんどの図書館では，日本十進分類法（Nippon Decimal Classification：NDC）による分類表に準拠し，分類記号がつけられている。どこまで詳しく分類記号を付与するかについては，利用者の発達段階や蔵書の規模などにより，柔軟に配慮することが望ましい。

　一方，学校図書館に受け入れた学校図書館メディアを検索するためには，目録を作成する必要がある。目録を作成する作業を目録作業と呼ぶ。目録にはカード目録とオンライン閲覧目録（Online Public Access Catalog：OPAC）とがある。OPACとは，コンピュータ化された閲覧目録であり，利用者が直接OPAC用端末を操作し，オンラインによる対話方式で所蔵している資料を検索できるように設計されている。すなわち，蔵書のデータベース化が図られることにより，利用者自らが検索できるようになっている。現在，多くの図書館でOPACが普及し，さらにはインターネット経由で検索できるウェブ版OPACの普及が著しい。

　学校図書館の蔵書も近年ではデータベース化が図られる傾向にある。文部科学省の平成28年度「学校図書館の現状に関する調査」結果によれば，学校図書館の蔵書のデータベース化が実施されている学校は学校種別で見ると，「小学校」（88.3％），「中学校」（85.6％），および「高等学校」（89.5％）となっている[注22]。このような蔵書のデータベース化にともない，貸出，返却，予約などの図書館サービスを容易に行うことができる。また，年間の図書館利用に関する統計データも自動的に蓄積され，図書館サービスの評価

に関する基礎的なデータの収集にもつながる。さらに，児童生徒が日常的にOPACを活用できることで，児童生徒自身の情報活用能力の向上につながる。

## （4）学校図書館メディアの装備と配架

　学校図書館メディアの分類作業と目録作業のあとに，閲覧や貸出など利用者に利用可能な状態になるように準備する作業を装備という。装備として，資料に蔵書印や登録印を押したり，請求記号のラベルを資料の背に貼ったり，表紙の薄い資料などを補強するためにビニールのカバーをかけたりする。

　装備の作業が終わると，配架の作業を行う。配架とは，個々の図書館資料を分類記号や請求記号など所定の排列順序にもとづいて，書架上に並べることである。

　配架は原則として請求記号などの排列順序にもとづいて行うが，利用者の利用のし易さに配慮し，配架に工夫をすることがある。例えば，利用者が一目で新着図書や新着雑誌を識別できるように，新着図書や新着雑誌の書架を設け，一定の期間ではあるが専用の書架に別置する。また，レファレンスブック，大型本，小型本，絵本なども別置の対象となりうる。

　利用者が必要な資料や情報を館内で探しやすいように，配架についても利用者の目線で考えることが重要である。

## （5）学校図書館メディアの廃棄と更新

　明文化された学校図書館メディア選定基準にもとづいて学校図書館メディアの選択がなされるように，学校図書館メディアの廃棄も明文化された学校図書館メディア廃棄基準にもとづき，委員会などが組織として実施すべきである。また，廃棄のあとには，更新を行うことが望ましい。

　廃棄の判断として，以下の3つの側面からの評価を参考にすることが考えられる[注23]。

①内容的な評価　刊行後の時間の経過とともに，誤った情報や古くなった情報が記載されていないか。

②物理的な面　汚損や破損の程度はどのくらいか。

③利用面での評価　利用頻度か低下していないか，あるいは，利用者が役に
　立つと考えているか。

　なお，各学校で学校図書館メディア廃棄基準を明文化するにあたり，全国
学校図書館協議会による「学校図書館図書廃棄規準」や既に制定されている
他校の基準などを参考にすることも考えられる。

　例えば，「学校図書館図書廃棄規準」[注24] では，百科事典・専門事典は「刊
行後 10 年を経ているもので，補遺が刊行されていない図書」が廃棄の対象
となっている。一方，年鑑，白書，郷土資料，貴重書は，原則として廃棄の
対象としないなど，一般規準の他に種別規準を設けている。

　なお，更新については，学校図書館メディア選定基準のなかに含まれてい
るところもある。1 つの例ではあるが，新版や改訂版が刊行されたものは更
新するとある。


　以上のように，学校図書館メディアの選択，廃棄，更新については，校内
での共通認識のもとに，制定された基準などにもとづき，客観的かつ組織的
に行う必要がある。


# 4　学校図書館メディアの提供

## （1）閲覧

　閲覧とは，学校図書館内で学校図書館メディアを利用することである。利
用者は学校図書館内で各自の興味・関心やニーズに応じて，学校図書館メディ
アを自由に探して利用することができる。

　閲覧が充分にできるように，学校図書館では児童生徒の登校時間から下校
時間まで，開館時間をできる限り長くすることが肝要である。

　しかし，児童生徒のなかには，学校図書館の利用そのものに不慣れである
こと，自分の興味・関心やニーズをことばとして明確にすることが難しいこ
と，および学校図書館メディアを探し出すスキルに習熟していないことなど

から，学校図書館メディアを充分に利用できないものもいる。

　そこで，児童生徒が学校図書館メディアを利用することをためらっており迷っていたら，学校司書など学校図書館担当者の方から積極的に声をかけ，児童生徒にさりげなく援助を申し出ることが肝要である。このように，カウンター以外のフロアで行われる利用案内などをフロアワークと呼ぶ。このようなフロアワークは，児童生徒との直接的なコミュニケーションを通じて，学校図書館メディアの利用を促すことにもつながる。

## （2）貸出

　貸出とは，利用者が学校図書館外でも学校図書館メディアを一定の期間，自由に利用できるようにするサービスである。貸出は閲覧とは異なり，利用場所と利用時間を限定されずに，利用者の都合に合わせて学校図書館メディアを利用できる点が優れている。貸出冊数や返却期限が館則などにより定められているが，夏休みなど長期休業中は貸出冊数を多くし，返却期限も延長するなどの配慮がなされている。

　返却期限までに学校図書館メディアを返却しない場合は，速やかに返却するよう利用者に督促する。保護者や学級担任など本人以外の第三者を通じて督促する場合は，児童生徒も一人の利用者として尊重し，読書の秘密を守るという観点から，返却期限や冊数などの伝達にとどめ，書名や著者名などには触れないように留意する。

## （3）読書アドバイス

　読書アドバイスとは，読書に関する利用者への援助のことであり，読書案内や読書相談とも言われている。読書のための本を実際に探そうとしている児童生徒へのサービスとして，以下のようなことが考えられる。

①児童生徒とのコミュニケーションを通じて，児童生徒が読書に何を求めているか明らかにする。

②児童生徒の求めているものに配慮し，発達段階にふさわしい本を調べ，できる限り複数の異なるタイプの本を紹介し，児童生徒に選択肢を与えるよ

うにする。

③現在の発達段階に最適な本に加えて，時には児童生徒がこれまでに慣れ親しんできた本や，近い将来発達段階にふさわしくなる本に接することも，児童生徒にとって意義がある[注25]。②に加えて，このような観点からも読書アドバイスを行うことが望ましい。

④児童生徒が求める本が自館にあるかどうかを調べ，自館にない場合は他館からの借用や自館での購入により現物を入手し，読書できるように援助する。

このような観点から，リクエストや予約は読書アドバイスの中に位置づけられる[注26]。

## （4）情報サービス

情報サービスとは，利用者からの情報要求に対して，必要な情報が得られるように援助するサービスのことである。情報サービスの種類としては，以下の4種類をあげることができる[注27]。

①レファレンスサービス

利用者から受けた質問に対して，学校図書館担当者がレファレンスブックなど学校図書館メディアを活用して回答する。

②情報検索

利用者が必要とする情報に関して，データベースやインターネットを利用して情報を検索し，検索結果を確認し評価した上で，精度の高い検索結果を回答する。

③発信型情報サービス

利用者からの質問や問い合わせがあると考えられるテーマや分野について，あらかじめ情報を選択し，学校図書館ウェブサイトや学校ウェブサイトのなかの学校図書館ウェブページなどから情報を発信する。

④レフェラルサービス

利用者からの情報要求に対して学校図書館メディアなどでは回答できない時に，公共図書館などを含む他の図書館や情報提供機関，博物館などの社会

教育に関する施設などを紹介する。

　高度情報通信ネットワーク社会の到来にともない，情報センターとしての機能の充実がこれからの学校図書館に求められている。児童生徒に加えて教職員にとっても意義のある情報サービスが提供できるように，学校図書館は情報環境の整備が必要である。

## （5）図書館利用教育

　図書館利用教育とは，情報化社会・生涯学習社会といわれている今日の社会において，すべての利用者が自立して図書館を含む情報環境を効果的・効率的に活用できるように，情報活用能力の育成支援を目指して各種の図書館がかかわる情報教育の一分野である[注28]。

　なお，とくに学校図書館の図書館利用教育については，図書館利用指導，または，学校図書館利用指導と呼ばれている。

　日本でも，学校図書館，大学図書館，公共図書館，専門図書館などの図書館利用者を対象とした情報活用能力の育成支援のための図書館利用教育ガイドラインが示されている[注29]。図表5－2は，学校図書館の図書館利用教育（学校図書館利用指導）について，5つの領域と目標を示したものである。

　図表5－2からも明らかなように，情報活用能力の育成支援の初期の段階として，学校図書館の利用案内（印象づけやサービス案内）がある。学校図書館では各教科の授業などと関連づけながら，図書館オリエンテーションをはじめとして，OPAC の検索や新聞記事データベースの検索など情報探索法指導も含む図書館利用教育を体系的に実施し，児童生徒の情報活用能力の育成支援に努めることが肝要である。また，教職員対象の図書館オリエンテーションなどもあわせて行い，図書館利用教育に関する全校的な理解を広げることが大切である。とくに着任したばかりで学校図書館の利用に不慣れな教職員には，早い時期に図書館オリエンテーションを行い，学校図書館に慣れ親しんでもらうことが望ましい。

図表5−2 情報活用能力の育成支援のための図書館利用教育の5つの領域と目標
（学校図書館）

| 領　域 | 目　標 |
|---|---|
| （領域1）<br>印象づけ | 学習上，または日常生活上の情報ニーズを満たす場として学校図書館があることを認識させ，利用しようという意識を持たせる。 |
| （領域2）<br>サービス案内 | 学校図書館の施設・設備やサービス，専門職員による支援の存在を紹介し，図書館を容易に利用できるようにする。 |
| （領域3）<br>情報探索法指導 | 情報の特性を理解させる。各種情報源の探し方と使い方を指導し，主体的な情報利用ができるようにする。 |
| （領域4）<br>情報整理法指導 | メディアの特性に応じた情報の抽出法，加工法，整理法，および保存法を理解させる。 |
| （領域5）<br>情報表現法指導 | 情報表現に用いる各種メディアの特性と使用法を指導し，目的に合った情報の生産と伝達の方法，守るべき情報倫理について理解させる。 |

日本図書館協会図書館利用教育委員会編『図書館利用教育ガイドライン合冊版—図書館における情報リテラシー支援サービスのために』日本図書館協会，2001 年より作成

# 5　学校図書館のその他の活動

　学校図書館のその他の活動として，学校図書館担当者が利用者である児童生徒や教職員と円滑にコミュニケーションを図る上で，重要と考えられる学校図書館の広報活動と学校図書館の行事・集会活動について以下に述べる。

## （1）学校図書館の広報活動

　学校図書館の広報活動とは，学校図書館の目的，役割，機能，具体的な活動，学校図書館メディアなどについて利用者である児童生徒，および教職員，さらには保護者や地域社会に的確に伝え，学校図書館の利活用を促進し学校図書館の活性化を図ろうとするものである。

　広報活動の方法には大きく以下の2つが考えられる[注30]。
①図書館だより（図書館報）の発行

　図書館だよりの発行は，学校図書館における広報活動のなかでも，最も広く行われている。内容としては，学校図書館の活動に関するものと読書に関

するものが多い。例えば，学校図書館の活動に関するものとしては，学校図書館の利用方法，館内マップ，学校図書館カレンダー，学校図書館の利用状況，図書委員会の活動などがあげられる。一方，読書に関するものとしては，新着図書リスト，教職員や児童生徒などによる推薦図書の紹介，および児童生徒の読書傾向などが掲載されている。

　図書館だよりの発行時期と発行頻度であるが，発行時期については，毎月や毎学期など定期的に発行することが大切である。もちろん発行頻度は高いほうが望ましいが，継続的かつ定期的に発行し，常に利用者に学校図書館への興味・関心を持ち続けてもらうことが肝要である。

　児童生徒による推薦図書の紹介や，学校図書館の行事に参加した際の児童生徒の感想などは，同じ立場の児童生徒に親しみを持って読まれる。単に学校図書館からの一方向的な情報の伝達だけではなく，学校図書館と児童生徒との双方向のコミュニケーション，および児童生徒同士のなごやかなコミュニケーションを促すような図書館だよりであることが大切である。

②学校図書館ウェブサイトの構築と活用

　積極的な広報活動と地域社会への情報公開を目指して，学校ウェブサイトを活用する学校が増えている。そこで，学校図書館ウェブサイトを備え，学校図書館に関する情報発信を行うことが考えられる。

　例えば，学校図書館ウェブサイトには，ミニマム・エッセンシャルズとして，次のような5種類のコンテンツが考えられる<sup>（注31）</sup>。

　（ⅰ）学校図書館ウェブサイトのコア・コンテンツ

　　　学校図書館の存在とその社会的な意義を広く利用者に示すために，学校図書館ウェブサイトとして備えるべきコアとなるコンテンツ。

　　・学校図書館の使命と方針

　　・学校図書館への連絡情報

　　・学校図書館ウェブサイト自体に関する情報

　（ⅱ）学校図書館ウェブサイトのインフォメーション・ツール・コンテンツ

　　　広報活動の観点などから，利用者に学校図書館内に関する情報を提供

し，利用を促進するためのコンテンツ。

・学校図書館の利用案内

・学校図書館の利用規則

・学校図書館についての最新のニュース

・学校図書館における行事

・ブックリスト（児童生徒や教職員などによる推薦図書リスト）

・書評（児童生徒や教職員などによる学校図書館などで所蔵されている
　図書や推薦図書の紹介，児童生徒から電子メールで投稿された書評
　も掲載）

（iii）学校図書館ウェブサイトのレファレンス・ツール・コンテンツ

　　学校図書館などのウェブ版OPACやインターネット上の豊富なレファ
レンス資料を利用者に提供し，利用者への情報探索法指導にとっても有
益なコンテンツ。

・学校図書館ウェブ版OPACの構築

・地元の公共図書館や都道府県立図書館などのウェブ版OPACへのアク
　セス

・「新聞/雑誌/ニュース」「人物/機関情報」「辞書/百科事典」などの
　一般的な分野に関する情報源へのリンク

・インターネット検索エンジンへのリンク

（iv）学校図書館ウェブサイトのリサーチ・ツール・コンテンツ

　　教職員などに教育研究上必要な情報などを提供し，教職員の情報探索
に関するスキルアップに役立つコンテンツ。

・「カリキュラムや教育」などの専門的な分野に関するインターネット
　上の情報源へのリンク

・「カリキュラムや教育」などの専門的な分野に関するオンライン・
　データベースへのリンク

（v）学校図書館ウェブサイトのインストラクショナル・ツール・コンテン
　　ツ

　　児童生徒の学習を支援し，児童生徒への情報整理法指導，情報表現法

指導などにとって有益なコンテンツ。
・情報モラルに関する児童生徒向けガイドライン
・各教科の学習，総合的な学習の時間などで必要な外部情報源へのリンク集（地域の公共図書館，博物館など社会教育の施設の公式なウェブサイトやその子ども向けウェブページなど，学習上有益と考えられるもの）

　構築された学校図書館ウェブサイトは，定期的に見直しや修正・追加などの作業を積み重ね，さらにコンテンツの充実および活用をはかることが重要である。また，図書館の時間などを通じて児童生徒を対象とした学校図書館に関するオリエンテーションを行う際には，学校図書館ウェブサイトの活用についても，児童生徒の意識を高めることが肝要である。さらに，教職員対象の図書館オリエンテーションにおいても，学校図書館ウェブサイトの紹介，および活用事例の提示などを行うことが大切である。

## （2）学校図書館の行事・集会活動

　学校図書館の行事・集会活動は，児童生徒の直接的な参加のもとに学校図書館など校内の施設で実施する。季節感の感じられる行事や，図書委員会など児童生徒の主催による集会活動，さらにはPTA，保護者，地域住民の参加による行事などが考えられる。児童生徒の日頃の読書や学習の成果を示すとともに，参加者同士の親睦や理解を深めるように計画する。
　例えば，次のような行事・集会活動が考えられる。

①全校読書集会
　全校読書集会では異学年での読書交流を目指す。「子ども読書の日」（4月23日），「子ども読書週間」（4月23日〜5月12日）など読書に関する記念日に行うことが考えられる。例えば，上級生が下級生に絵本などの読み聞かせをし，あらかじめ決めておいたテーマのグループブックトークなどを行う。なお，読み聞かせの絵本やグループブックトークのテーマなどは，子どもたちが自主的に考えて決めることが望ましい。学校司書など学校図書館担当者

が事前に読み聞かせの際の留意点を説明し，ブックトークとはどのようなものか実演も併せて示すと，子どもたちは安心して全校読書集会に臨むことができる。日頃の読書や学習の成果を示す１つの機会として，PTA，保護者，地域住民に全校読書集会への参加を呼びかけることも考えられる。

②読書会

　図書委員会が中心となり，読書好きの児童生徒に課題図書の希望を募る。学校司書など学校図書館担当者が，公共図書館からの団体貸出などにより，目当ての図書を読書会参加予定者の人数分用意する。事前に図書を読んでおくことが読書会に参加することの条件であるので，読書のための時間を充分に取り，読書会当日を迎える。読書会の司会進行役を図書委員会委員などが担当すると，児童生徒同士の読書感想を共有することができ，継続的な読書会の運営につながる。

③地域の児童文学作家や郷土史家などとの交流会

　地域に居住する児童文学作家や郷土史家を学校に招き，講演会や交流会などを行う。学校図書館には児童文学や郷土史に関する図書が備えられており，そのような図書の著者から直に話を聞く機会があることは，教育上とても望ましいことである。その作家の著書の一部を児童生徒が朗読し，著書の執筆に関するエピソードなどを作家に披露してもらうと，両者の交流はさらに深まると考えられる。PTA，保護者，地域住民の参加も募り，にぎやかな集会活動を目指すことも意義がある。

（金沢みどり）

〈注〉

（注１）小島弘道，勝野正章，平井貴美代『学校づくりと学校経営』学文社　2016年

（注２）堀川照代『「学校図書館ガイドライン」活用ハンドブック　解説編』悠光堂　2018年

（注３）後藤敏行『学校図書館サービス論』樹村房　2018年

（注４）前掲（注２）

（注 5 ）　全国学校図書館協議会研究調査部「2018 年度学校図書館調査報告」『学校図書館』No.817　2018 年 11 月号　p.49-71

（注 6 ）　後藤敏行『学校図書館の基礎と実際』樹村房　2018 年

（注 7 ）　全国学校図書館協議会監修『司書教諭・学校司書のための学校図書館必携　理論と実践　改訂版』悠光堂　2017 年

（注 8 ）　野口久美子，大作光子，横山寿美代，野口武悟「学校図書館運営マニュアルの内容分析―教育委員会等を対象とした調査から―」『情報メディア研究』Vol.13，No.1　2014 年　p.1-13

（注 9 ）　坂田仰，河内祥子編著『学校図書館への招待』八千代出版　2017 年

（注 10）　文部科学省「学校施設整備指針」（http://www.mext.go.jp/a_menu/shisetu/seibi/main7_a12.htm［2019 年 2 月 28 日現在参照可］）

（注 11）　全国学校図書館協議会「学校図書館施設基準」（1990 年 8 月 1 日制定，1999 年 2 月 25 日改訂）（http://www.j-sla.or.jp/material/kijun/post-38.html［2019 年 2 月 28 日現在参照可］）

（注 12）　金沢みどり『図書館サービス概論　第 2 版』学文社　2016 年

（注 13）　前掲（注 5 ）

（注 14）　金沢みどり編著『学校司書の役割と活動―学校図書館の活性化の視点から―』学文社　2017 年

（注 15）　前掲（注 12）

（注 16）　日本図書館協会目録委員会編『日本目録規則』（1987 年版改訂 3 版）日本図書館協会　2006 年

（注 17）　前掲（注 7 ）

（注 18）　渡邊重夫『学びと育ちを支える学校図書館』勉誠出版　2016 年

（注 19）　全国学校図書館協議会「全国学校図書館協議会図書選定基準」（1980 年 9 月 15 日制定，1998 年 10 月 1 日改定，2008 年 4 月 1 日改定）（http://www.j-sla.or.jp/material/kijun/post-34.html［2019 年 3 月 4 日現在参照可］）

（注 20）　文部科学省「学校図書館図書標準」（1993 年 3 月制定，2007 年 4 月改定）（http://www.mext.go.jp/a_menu/sports/dokusyo/hourei/cont_001/016.htm［2019 年 3 月 25 日現在参照可］）

（注 21）　全国学校図書館協議会「学校図書館メディア基準」（2000 年 3 月 21 日制定）（http://www.j-sla.or.jp/material/kijun/post-37.html［2019 年 3 月 4 日現在参照可］）

（注 22）文部科学省『平成 28 年度「学校図書館の現状に関する調査」結果について』

　　文部科学省児童生徒課　2016 年

（注 23）前掲（注 2）

（注 24）全国学校図書館協議会「学校図書館図書廃棄規準」（1993 年 1 月 15 日制定）
　　　　（http://www.j-sla.or.jp/material/kijun/post-36.html［2019 年 3 月 4 日現在参照
　　　　可]）

（注 25）マーガレット・ミーク著，こだまともこ訳『読む力を育てる―マーガレッ
　　　　ト・ミークの読書教育論―』柏書房　2003 年

（注 26）金沢みどり『児童サービス論　第 2 版』学文社　2014 年

（注 27）大串夏身・齊藤誠一編著『情報サービス論』理想社　2010 年

（注 28）金沢みどり『生涯学習社会における情報活用能力の育成と図書館』学文社
　　　　2012 年

（注 29）日本図書館協会図書館利用教育委員会編『図書館利用教育ガイドライン合
　　　　冊版―図書館における情報リテラシー支援サービスのために』日本図書館協会
　　　　2001 年

（注 30）前掲（注 7）

（注 31）金沢みどり「小学校における新しい教育の方法と技術―小学校図書館
　　　　Web サイトの構築と活用を通じて―」『人文・社会科学論集』第 30 号　2013 年
　　　　p.1-26

# 第Ⅵ章　学校図書館の学習活動への支援

## 1　学校図書館の教科・授業への支援

### （1）「教育課程の展開に寄与」する

　学校図書館法は，学校図書館の目的の1つに「教育課程の展開に寄与」することを規定している（第2条）。学校図書館が，各教科やその展開としての授業と不可分的関係にあることを端的に示した規定である。

　その教育課程とは，学校教育の目的を達成するため，児童生徒の発達段階に応じて順序立てて編成された教育の計画で，学校教育法施行規則は，校種ごとに教育課程の編成を定めている。さらに同法施行規則は，教育課程は「文部科学大臣が別に公示する小学校学習指導要領によるものとする」（第52条，中学校は第74条，高等学校は第84条，特別支援教育は第129条に準用規定）と規定している。すなわち，教育課程の大枠は，学校教育法および同法施行規則に定められ，その基準が学習指導要領により具体化されている。各学校は，その上に立ち，学校ごとの個別の教育課程を編成することになる。

　その教育課程の「展開」に寄与することが，学校図書館に求められる目的である。その「展開」は，一人ひとりの教員の教授過程，あるいは学校総体としてのトータルな教授・学習過程のなかにある。国語や体育の授業が，学校祭や修学旅行の実施が，あるいは児童会（生徒会）活動という個々の教育的営為の総体が教育課程の「展開」の内実を形成している。それゆえ，学校図書館が教育課程の展開に「寄与」するとは，こうした教育的営為が，効果的に実践されるために行われる学校図書館活動の総体のことをいう。その活動（「寄与」）は，学校図書館の利用対象である児童生徒（子ども）と教員に対する両活動から成り立っている。そうした活動（「寄与」）を通じて，学校

図書館は各教科・授業への支援を行うのである。

## （2）「学習材」としての資料の収集，提供

①「学習材」としての図書館資料

まずは，子どもに対する教科・授業への支援である。どのような活動を通して子どもの学びを支えるか，その支え方が「寄与」のあり様と深くかかわっている。学校図書館資料を「学習材」として捉え，その提供を通じて教育課程の展開に寄与することである。

学校教育という営為を日常的に担保するには，教授・学習を媒介する素材が必要であり，その代表的素材が教科書である。教科書は，知的文化財のなかから，子どもの発達段階に応じてそれぞれの学習に適した内容を選択し，一定の順序に配列した素材である。しかも子どもの発達段階を考慮し「学年」に区分けされ，さらにその内容に応じて「教科」ごとに区分けされた学びの素材である。「教育課程の展開」（とくに教科教育）には，この知的文化財としての教科書が使用される。

しかし教科書は，学びのプロセスを担保する媒体としては「万能」ではない。何よりも教科書は，（a）「基礎・基本」を伝達・教授する際の媒介としての特性を有しており，（b）教育課程の基準としての学習指導要領の性格，法的拘束性などと相まって，その内容の画一化は避けられない。それだけに，豊かな学習を展開するには，こうした教科書の画一性を補う学習材が不可欠となる。教科書では理解し得ない事項を補足する学習材，あるいは教科書の内容を深化・発展させる学習材など，多様で豊富な学習材が必要となる。

とくに，教科学習のなかでは，さまざまな「知りたい」「確かめたい」「深めたい」ことにぶつかる。そうしたことが載っている本を手にし，読んで，調べて子どもは次の学びへと進んでいく。そのときの学びをより豊かにする資料が学習材であり，一斉画一化されがちな教室での学びを補い，子どもの成長・発達を支援する学びの素材である。

子どもの学びは教室内だけでは完結しない。教室外でのさまざまな資料を利用することにより学びは豊かになる。そうした教育観は，学校図書館を「欠

くことのできない」（学校図書館法第1条）教育環境として位置づけること
につながっていく。それは，戦前の画一的価値観（国定教科書）にもとづく
教育からの決別でもある。

　第Ⅰ章で記したように，敗戦直後（1948年）に刊行された『学校図書館
の手引』（文部省編）には，次のように記されている[注1]。

　　　学校図書館の蔵書は，生徒の持つ問題に対していろいろの考えや方や答
　　えを提供する。──かりに，教室の学習において，教師から一つの問題
　　に対してただ一つの解決しか興えられないとするならば，生徒は自分自
　　身でものごとを考えることを学ばないであろう。生徒たちにとってたい
　　せつなことは，問題を理解するに役立つ材料を学校図書館で見いだし，
　　これを最も有効に使い，自分で解決を考え出して行くことである。この
　　ようにして，かれらは，批判的にものを解決する態度を養うであろう。

　ここには，学校教育における学びの素材は教科書だけでは完結しないとの
教育観が内在化している。それは，学校図書館資料が「問題を理解するに役
立つ材料」として位置づけられていることをも意味している。すなわち，学
びを支える「学習材」としての位置づけである。

②「学習材」としての図書館資料の収集（選書）のあり様

　それだけに，学びを担保する「学習材」としての資料の収集が重要となる。
次に，教科・授業への支援（教育課程の展開）に必要な資料の収集（選書）
はどうあるべきなのか，そのために検討すべき条件について述べる。

　第1は，自校の教科学習がどのように展開されているかを把握することで
ある。何学年のどの教科で何を学習するのか，そのことをきちんと把握して
おくことである。例えば，小学校3学年の理科では，「生命・地球」という
単元のなかで「昆虫と植物」を学習する。教室で昆虫の知識を得た子どもは，
さらに昆虫を知りたいと思い図書館で昆虫の「図鑑」を手にする。昆虫の生
態・分布・生育の過程，そして昆虫にも多様な種類があることを知る。昆虫
に興味をもった子どもは，さらに個々の昆虫（チョウ，カマキリ，バッタ，

トンボなど）へ興味を向け，それらを紹介した個々の本を読みたいと思う。さらに昆虫の絵本（『はらぺこあおむし』偕成社など）に手を伸ばし，『ファーブル昆虫記』（集英社など）も読みたいと思う。そして，これらの本（図鑑，絵本など）に登場する昆虫を，最近自分の身近（公園，畑，路地など）で見かけなくなったことに気がつく。「どうしてなのだろう？」その疑問のなかに，自然環境の変化，そうした変化と人間や経済・政治とのかかわりにおぼろげながら気がつく。そうした「発見」が，次の新たな学びを深めることにつながっていく。

　それだけに，学校図書館としては，昆虫や植物に関する図鑑や事典，写真集，絵本，読物などを収集することにより，学習を支援し，子どもの興味・関心に応えることが必要となる。学校図書館資料が，教科の学びを支え豊かにしていくのである。すなわち「教育課程の展開」に寄与するのである。

　第2は，子どもの興味・関心がどこにあるかを把握することである。学びの道筋は，子どもの興味や関心とも深くかかわっている。多様で豊かな興味・関心は教科学習の土壌で，学びを進める際の牽引の役割をも果たしている。カブトムシに興味を持っている子どもは，昆虫の教材を学習する基礎的要件を備えている。興味・関心があれば，「なぜだろう」「もっと知りたい」と，積極的に学びの範囲を広げ，その質を深めていく。すなわち，学びの背後には，授業を根底から支え，発展させる要素である子どもの疑問や興味・関心が横たわっている。その疑問や興味は，校内（外）生活のなかで，自然のなかで，社会のなかでも生ずる。子どもの知的世界，感性の世界は，既存の学校教育の範疇を超えて広がり，また生活経験の拡大のなかで増大していく。

　教科書は，知識や情報（いわば，人類の知的遺産）を子どもの発達段階に応じて系統的に順序立てて記述した教材である。その系統性は，学問の系統性（分化）を基本としている。しかし，子ども（人間）の知的興味・関心は，時には縦横無尽に拡散し，それらは相互に関連している。そうした拡散・相互化は，子どもの学びの世界を広げ，ひいては学びを豊かにする。そのためにも，学校図書館が資料を選択する際は，教科書の「知識や情報」のみに依拠するのではなく，子どもの興味・関心に応える資料の収集に努めることが

大切である。

第3は，資料がどのように利用されているかを把握することである。収集した資料が，自校の教育課程の展開に合致することが重要だが，果たして合致しているか否かは資料の利用のされ方，利用頻度などと深くかかわっている。それゆえ，資料の収集にあたっては，所蔵されている資料の利用状況（提供状況）を知ることが大切である。どの資料が，どの教科・授業（教育課程）との関連で利用されているか（あるいは利用されていないか）を把握することは，資料収集の際の重要な参考となる。

第4は，担当の教科担任や学級担任の意見を聞くことが大切である。日々の授業のなかに，資料収集（選書）の際の重要な要件が詰まっている。どの教科で，どの単元で，どのような資料を利用すると学びは深まるのか，それは担当の個々の教員が最も知っている。それだけに，そうした意見や感想をもとに資料を収集することは，教科・授業の豊かな展開を支えることとなる。

③レファレンスサービス等の情報サービス

子どもは，学びの過程で多くの知りたいこと（情報）に遭遇する。そして，その情報を自分で検索しようと思う。しかし，必ずしも自分で探し出せるとは限らない。その時，カウンターに来て，その情報を見つけるための助言を求める。こうしたことへの対応が，レファレンスサービスである。

レファレンスに適切に対応することは，学校図書館への信頼につながる。そのレファレンスサービスは質問の受付から始まるが，子どもは知りたいことを適切に説明する（できる）とは限らない。例えば，

　（a）知りたいことを上手に説明できない（質問の表現が不適切）

　（b）知りたいことが何なのかを自分も良くわかっていない（質問内容が未整理，あるいは複雑・多岐）

　（c）知りたいことを知られたくないので知りたい内容を詳しく説明しない（とくにプライバシーに関する事項）

などの事情が重なり質問内容が明らかにならないことがある。その結果，どんな資料を提供したらよいかが明瞭にならないことがある。それだけに，質問を受けてから回答にいたるまでの子どもとの間の応答（レファレンスイ

ンタビュー）が重要になってくる。それは同時に，子どもとの信頼関係の構築とも深くかかわっている。

　質問の種類は多岐に及ぶ。最も多いのは「先生，○○の本はこの図書館にありますか？」という質問（所蔵調査）である。コンピュータの所蔵データを見て回答もできるが，自館蔵書の有無と配架場所はすぐに回答できるようにしたい。また教科や授業にかかわる質問には，特定の事柄に関する情報を知りたいということが多い（事実調査）。「〜について知りたい」という質問例である。その質問は，ことば，事柄，人物，地名，歴史的事項，動植物，統計，時事的事項など多くの分野に及んでいる。そして，これらへの質問に回答するには，多くの場合レファレンスブックを用いて検索することとなる。それだけに，レファレンスへの対応には，辞典・事典・統計書・図鑑など各種レファレンスブックの整備が欠かせない。そして，自館の資料で回答を得ることができない場合は，他の学校図書館，公共図書館，専門機関への照会・案内が求められる。

　こうしたレファレンスに適切に対応することが，子どもの学びを充実させ，子どもの興味・関心に対応することとなる。そして，そのことが，学びの場としての学校図書館をさらに利用しようとの思いを子どもに抱かせる。それだけに，学校図書館担当者にはレファレンス能力を高めるための知識や技術の習得を図ることが求められる。

## （3）「学び方を学ぶ」ための支援

　レファレンスサービスへの対応と同時に，子ども自身が自分で知りたいことを検索できる能力を身につけることも，学びを深めるための重要な要件である。その能力の育成の必要性について，今から約 40 年前に出版された『知的生産の技術』[注2] において次のように指摘されている。

　　学校というものは，ひどく『おしえおしみ』をするところでもある。ある点では，ほんとうにおしえてもらいたいことを，ちっともおしえてくれないのである。（略）知識はおしえるけれど，知識の獲得のしかた

は，あまりおしえてくれないのである。

「知識の獲得の仕方」は，ある種の情報をどのように獲得するのか，どんな媒体を利用するのかという事柄と不可分である。そして「情報の獲得の仕方」は，情報獲得の方法（技術）にとどまらず，その情報をどのように分析・加工し，発表するかという情報との一連の向き合い方とかかわっている。いわば「学び方を学ぶ」ことでもある。それは同時に，一斉画一型，知識伝達型教育との決別とも不可分的関係にある。「学び方」を知ることにより，子どもは知識の被注入者たる地位（客体）を脱し，課題の自己解決を図れる地位（主体）へと転換することができる。

また今日的教育課題である「自ら学び，自ら考える」という行為は，与えられた情報を吸収するという受動的行為にとどまるものではなく，その延長線上に，新たな情報の獲得という行為を内在化している。そして，その新情報をもとに，さらに新たな情報（価値）を生み出していくのである。すなわち，自ら学ぶという行為は，情報の獲得・創造という行為と一体のものである。

その「自ら学び，自ら考える」力の育成は，20世紀末の中央教育審議会答申（1996年）で提起されて以来，今日までのわが国教育の一貫した考え方である。同答申は，「これからの学校教育の目指す方向」の第一に，次のような視点を提起している。

　　　[生きる力]の育成を基本とし，知識を一方的に教え込むことになりがちであった教育から，子供たちが，自ら学び，自ら考える教育への転換を目指す。

それから20余年を経た今日，文部科学省のウェブサイトには，その「生きる力」の要素の1つとしての「確かな学力」が，次のように説明されている。

　　　知識や技能はもちろんのこと，これに加えて，学ぶ意欲や自分で課題を見付け，自ら学び，主体的に判断し，行動し，よりよく問題解決する資

質や能力等まで含めたもの。

　「自ら学び，自ら考える」力は，「生きる力」の主要な要素であり，その力は知識基盤社会といわれる今日の社会では一層必要となっている。日々の学習において，「学び方」の知識や技術を駆使して，求める情報を的確に入手し，その情報の真偽・正否を自ら判断し，その情報を分析・加工し学びを発展させることは，学びを豊かにすると同時に，「生きる力」を獲得することでもある。
　情報と結びつくこうした「力」の獲得は，学校図書館界では長い間「利用指導」と称され，近年では「情報・メディアを活用する学び方の指導」と称されてきた分野である。そして，学校においてメディアや情報を管轄している学校図書館は，こうした学習や思考過程を学校教育において担保する最もふさわしい学習環境であり，子どもに「学び方」を指導する中心的役割を担っている。子どもが，「生きる力」を体得するにも，学校図書館にはこうした分野の指導を担うことが求められている。それは，ひいては各教科や授業を根底から支える（「教育課程の展開」への寄与）ことにもつながるのである。そして，こうしたことをより効果的に実践するためにも，各教科の担当教員と授業の進度，授業のねらいなどについて連携協力を続けることも重要なことである。

## （4）特別な教育的支援を必要とする子どもへのサービス

### ①求められる「合理的配慮」

　「障害を理由とする差別の解消の推進に関する法律」が制定された（2013年）。その「目的」（第1条）には「全ての障害者が，障害者でない者と等しく，基本的人権を享有する個人としてその尊厳が重んぜられ，その尊厳にふさわしい生活を保障される権利を有する」と規定されている。
　そして，この法律の施行にともない「行政機関等」には障害者への「合理的配慮」が求められることとなった。この行政機関等には国公立の特別支援学校が含まれている。そのためこれらの学校にも，障害のある子どもに対する「合理的配慮」が求められることとなった（第7条，私立学校は努力規定，

第8条「民間事業者」に準ずる扱い）。この「合理的配慮」は，当然にも学校において「欠くことのできない」（学校図書館法第1条）教育環境である学校図書館にも適用される。

　その「合理的配慮」について規定した国際的規約がある。「障害者の権利に関する条約」である。同条約第2条（定義）には，「合理的配慮」とは「障害者が他の者との平等を基礎として全ての人権および基本的自由を享有し，又は行使することを確保するための必要かつ適当な変更および調整であって，特定の場合において必要とされるものであり，かつ，均衡を失した又は過度の負担を課さないものをいう」と規定されている。

　そして，文部科学省の説明によると，小・中学校等で行う場合「合理的配慮」の提供として考えられる事項として，次のことが例示されている<sup>（注3）</sup>。

　（a）教員，支援員等の確保

　（b）施設・設備の整備

　（c）個別の教育支援計画や個別の指導計画に対応した柔軟な教育課程の編成や教材等の配慮

　また特別支援教育には，学習指導要領で教育課程の一領域として「自立活動」が示されている。その「自立活動」を展開する際の「個別の指導計画の作成と内容の取扱い」には，次のような留意事項が記されている。

　　　　自立活動の指導に当たっては，個々の児童又は生徒の障害の状態や発達の段階等の的確な把握に基づき，指導すべき課題を明確にすることによって，指導目標及び指導内容を設定し，個別の指導計画を作成するものとする。

　「個々の児童又は生徒の障害の状態や発達の段階等の的確な把握にもとづき」との「配慮」は，学校図書館の支援に際しても求められるものである。こうしたことをもとに，特別な支援を要する子どもの学校図書館利用に際し「合理的配慮」について検討することが必要である。

②利用しやすいような環境の整備……施設・設備

第一は，学校図書館へのアクセスを考慮した利用しやすい学校図書館の位置である。学校図書館施設基準（全国学校図書館協議会，1999 年改訂）は，「学校図書館の位置は，児童生徒の移動の実際を考慮し，校内の利用しやすい場所に設ける」と定めており，その「利用しやすい場所」は，特別な支援を要する子どものアクセスを考慮したものとしても捉える必要がある。そしてその学校図書館への移動の確保である。

　第二は，施設・設備への配慮である。施設面では館内のレイアウトである。車椅子や歩行に必要な補助器具を用いて移動できる通路，くつろいで読書のできる空間（スペース），聴覚に困難を有する子どもが利用できる個別のブース，視覚に困難を抱える子どもに配慮した照度や採光への工夫が必要である。また設備面では，本を取り出しやすい書架，拡大読書器やルーペなどの補助器具，DAISY 図書の再生機の整備が求められる。

③困難を考慮した資料の収集……所蔵資料

　文部科学省の説明による「合理的配慮」の提供として例示された「個別の教育支援計画や個別の指導計画に対応した柔軟な教育課程の編成や教材等の配慮」を，学校図書館に引きつけて考えると，とくに資料の収集が該当する。困難を考慮した資料（バリアフリー資料）の収集である。その基本は，支援を必要とする子ども一人ひとりの教育的ニーズに対応した資料の収集である。

　墨字図書（活字印刷された一般の図書）はもちろん，困難を考慮した資料の収集が求められる。視覚に困難を有する子どもには点字図書やさわる絵本などの触覚資料，さらには録音資料（カセットテープ）や DAISY 図書などの音声資料，視力の弱い子どもには拡大図書（拡大写本や大活字本）がある。聴覚に困難を有する子どもには，一般の図書はもちろん，図版や挿絵が多用された図書がある。知的障害や学習障害のある子どもには，困難の程度と発達の状態により多様な資料がある。一般の図書，絵本，紙芝居などの印刷資料をはじめ，CD や DVD，DAISY などの視聴覚資料，LL ブック（わかりやすく読みやすい本）や布の絵本などがある。すなわち資料の収集は，それぞれの困難に応じた記録方式，メディアでなければならない。それだけに，図書館担当者は，各教科の担当者と教材（学習材）の内容やメディアの種類

に関する詳細な打ち合わせが必要である。

　またこれらの資料は，しばしばボランティアの作製に依拠しているため，こうした協力者との事前の打ち合わせも大切である。さらに，これらバリアフリー資料は著作権法による許諾を求めることなく点字などへ複製することができるので，学校図書館自体で作成することができる（著作権法第 37 条）。

　しかし，学校図書館がこれらの資料を提供しようとしても，個別の学校が所蔵している資料は少ない。需要が少ないため，1 点の単価が高額であることも要因の 1 つである。そうした際に，公共図書館から借りることも必要である。また「点字図書・録音図書全国総合目録」（国立国会図書館）も役立つ。この目録は，全国の図書館等で製作された点字図書・録音図書や雑誌などの所蔵情報を調べることができる目録である。館種を超えた全国的な図書館間相互貸借を支援している。この目録に参加している図書館と連絡を取り，資料の貸出しを受けることができる。

　最後に「人」の問題である。校長などの管理職が「合理的配慮」を理解することが何より大切であるが，学校図書館を直接担当する司書教諭と学校司書は「合理的配慮」にもとづく図書館運営を中心的に担う存在である。さまざまな研修を受けつつ，こうした分野の知識や技能の習得をすることにより，特別支援教育への学校図書館サービスを展開することが求められている。

## （5）「教材」提供機関としての学校図書館

　学校図書館の利用対象は子どもだけではない。学校図書館法は，教員もその利用対象と規定している（第 2 条）。その教員にとっては，学校図書館資料は「教材」としての意義を有している。

　学校教育における教科書は「主たる教材」で，学校においては，その教科書（教科用図書）を使用して授業を行うことが義務づけられている（学校教育法第 34 条第 1 項，他の校種についても準用規定あり）。しかし学校教育法は同時に「教科用図書及び第二項に規定する教材以外の教材で，有益適切なものは，これを使用することができる」（同条第 4 項）と規定している。この規定は，教育課程の展開（授業）は，教科書だけでは完結しない，豊かな

学びを生み出すには，多様な教材が必要であることを意味している。授業の内容・進度に合わせ，適宜に多様な教材を使用することは，豊かな授業を創り出す大きな要因である。学校で使用されているいわゆる「副教材」（補助教材）はそうした教材の代表であるが，学校図書館資料も「有益適切」なものは教材に転化し得る。

　しかし学校図書館資料のすべてが，そのまま教材になるわけではない。資料が教材になるには，その資料が教育の目標や内容に即し選択される，あるいは授業に利用しやすいように加工されることが必要である。いわば資料は，教授過程への「選択」「加工」というプロセスを経て教材へと転化する。

　学校図書館資料を「教材」として捉え，それを積極的に教育課程の展開に生かすべきとの考えは，「これからの学校図書館の活用の在り方等について（報告）」（以下「報告」，2009年）のなかで詳細に述べられている。報告は，「教員サポート機能の発揮」として，次のような提起をしている。

　　とりわけ最近では，個々の教員の創意工夫による教育活動の充実がますます重要となる一方，それぞれの教員について見れば，その業務は一般に多忙となっており，子どもたちへの指導の準備に要する時間も含め，子どもと向き合う時間の確保に困難を抱えている実情がある。こうした中にあって，教員に最も身近な情報資料拠点である学校図書館を，教材研究や授業準備等の支援に有効に活用していけるようにすることは，もはや猶予を許されない課題であると考える。

　そして報告は同時に，学校図書館が次のような役割を果たすことが必要だと論じている。

　　教育指導の専門職たる教員にとって，もとより情報資料等のサポート環境は不可欠であり，学校図書館においても，学校図書館法の規定に基づき，そのための相応の役割を果たしていくことが，当然に求められる。

　教材提供機関としての学校図書館の重要性の指摘である。教授・学習の過程で多様な教材が必要であるとの教育観には，一斉画一の教授・学習方法の転換，そして子どもの興味・関心を醸成しつつ「学び」を豊かにするという考えが内包されている。そして，その観念（営み）を学校現場において根底から支える教育環境が学校図書館である。

　教員が，どのような授業を創り上げていくかは，基本的には教員個々人の思いのなかにある。しかし，近年社会的にも問題となっている教員の多忙化とも重なり，十分な授業が創り出せないなら，そのマイナスの影響は子どもが被ることになる。だから，学校図書館は，教員の教材使用を「サポート」することにより，子どもの学びを支えることが大切になってくる。そして，学校図書館資料を教材として利用することは，子どもに対しては，１つの学びにも多様な資料が必要だということを実感させることなる。それは，子どもの学びを深化・発展させることにもつながるのであり，このような「サポート」は，本来学校図書館が有している固有のサービスの１つである。

## （6）学校図書館担当者の職務のあり様について

　しかし，このような職務が効果的に行われるには，学校図書館担当者のあり様も検討されなければならない。一人の「人」（司書教諭，学校司書等）の力によっては果たし得ないことである。司書教諭・学校司書の両職が配置されるとともに，「チーム学校」として「協働的」任務を果たすことが必要である。そして，こうしたことが可能となるためには，「人的手だて」が不可分である。とくに学校図書館担当者（司書教諭・学校司書）の配置とその処遇は大きな問題である。司書教諭の「担当授業時間数の軽減」[注4]，学校司書の「専任，専門，正規」配置などである。そして，この「人」の問題は，個別学校におけるカリキュラム・マネジメントが及びにくい分野でもある。「方向性は示した，あとは各学校の創意・工夫で適切に」となっては，学校図書館機能の発揮は不十分となる。その意味において，教育行政に課せられた責務は大きい。

（渡邊重夫）

〈注〉

（注1）文部省『学校図書館の手引』師範学校教科書　1948年　p.4

（注2）梅棹忠夫『知的生産の技術』岩波書店　1969年　p.2-3

（注3）文部科学省「資料3：合理的配慮について」（http://www.mext.go.jp/b_menu/shingi/chukyo/chukyo3/044/attach/1297380.htm［参照2019年1月10日］）

（注4）「学校図書館法の一部を改正する法律案に対する付帯決議」（1997年衆議院本会議）では，政府は「司書教諭の教諭としての職務の在り方に関し，担当授業時間数の軽減や司書教諭の専任化を含め，検討を行い，その結果に基づいて所要の措置を講ずること」とされている。同決議は，全国学校図書館協議会編『学校図書館・司書教諭講習資料』（全国学校図書館協議会　1999年　p.10）に所収されている。

## 2　学校図書館の探究的学習への支援

### （1）はじめに

　「学校の教育課程の展開に寄与するための図書館」を管理・運営する学校図書館担当者（司書教諭・学校司書）の置かれる状況は学校によってさまざまである。多くの場合，他業務との兼任，限られた時間で図書館業務が行われているのが現状である。

　学校図書館担当者になった際は，まずは自校の教育活動とその利用者を，大まかにでも把握することが重要である。例えば，「各学年では，今どんな学習が行われているか」「毎年行われる行事はあるか」「メインターゲットである自校の児童生徒が使いやすいと感じる資料はどんなものか」「日頃の図書館の利用のされ方はどうか」などである。これらの情報は，日々の観察や，児童生徒・教職員とのコミュニケーションにより得られる。選書やレファレンス，そして探究的な学習に対応する際の重要な前提知識になる。

　探究的な学習は，児童生徒一人ひとりの発達段階や，科目，授業時間の制限など，多くの事情が複合的に絡むため，「探究的な学習は斯く行うべし」

という唯一のセオリーは存在しえない。大きな学習活動の流れの中で，各授業がどのような位置づけにあるかを意識しながら，授業者と協働して作り上げていくものである。

　本節では，学校図書館における探究学習支援について，具体的な授業を例に，現場の司書教諭・学校司書がどのように支援を行っているか紹介したい。

## （2）茗渓学園と探究的な学習課題と『個人課題研究』について

　茗渓学園は，1979年に創立された，生徒数約1,500名（1学年250人前後）の中高一貫の共学校である。筑波大学・東京教育大学の同窓会である「茗渓会」により，教育実験校として設立された。

　本校で探究学習の中心となるのは『個人課題研究（通称「個人課題研究：こじけん」)』である。これは，「17歳の卒論」とも呼ばれ，開校当初から茗渓学園の教育の中核を担っている。個人課題研究は，高等学校1年から2年にかけ，生徒全員が取り組む必修科目であり，自分でテーマを決定し，課題指導者につき，約1年かけて調査，実験，フィールドワーク等を駆使して，論文を書き，発表を行う。高等学校2年になると，土曜日の3・4時間目が「個人課題研究」として確保され，この時間に課題指導者と打ち合わせたり，ゼミを行ったり，実験や調査などを行うことができる。

　個人課題研究の特徴は，「進路指導」の一環としてスタートした点にある。茗渓学園は「大学に行きたいから行く」のではなく，「学びたい学問があるから大学を目指す」という進路指導のスタイルを採用しており，これは開校当初から現在まで踏襲されている。他者から与えられた課題ではなく，自ら関心のある領域を選択するという個人課題研究の根底は，大学や学部選択，職業選択を考えるためのきっかけ作りという側面が強い。

　上記のような性質を持つことから，個人課題研究は基本的に一人きりで取り組むプロジェクトである。テーマ決め，計画，必要書類の提出，資料探し，課題指導者との付き合い，外部研究者へのアプローチなど，多くのことを自分の力で乗り切らなくてはいけない。「自分一人の責任で研究を組み立て，単著で書く」というのはデメリットもあるが，得られる経験は計り知れ

ない。現在では個人課題研究のために中学1年から段階的に探究的活動を行い、「ラーニングスキル」の向上を図っている。

2018年に告示された新学習指導要領においては、「主体的・対話的で深い学び」という視点から「総合的な探究の時間」が位置づけられた。知識習得だけでなく、自分を取り巻く環境や学問分野に対する興味関心から生じる「気付き」と、そこから発展する学習に期待が寄せられている。個人課題研究は、「総合的な探究の時間」の趣旨と近いと言えよう。

本校では、個人課題研究の取り組みに学校図書館も深くかかわっている。

## (3) 茗溪学園図書館について

本校図書館は、「個人課題研究に対応できる蔵書」を軸に、学習・研究活動に利用できそうな資料を幅広く積極的に収集している。社会情勢と個人課題研究のテーマはリンクする傾向にあるため、新聞や出版情報を元に、小学校高学年〜中学生向けの初歩的な資料から、大学の教科書や高度な専門書まで、学習活動に関係しそうな資料は積極的に収集する。

有料データベースは、朝日けんさくくん、スクールヨミダス、ジャパンナレッジと契約している。図書館内には生徒用 Wi-Fi が整備されており、40名程度であれば一斉にネットワークを利用することが可能である。常設コンピュータは4台と少ないが、高校生は持参コンピュータを持ち込むことがで

図表6−1　ある日の昼休みの様子

きる。

　スタッフは，筆者を含め専任の司書教諭が2名，中学教員経験があるパート学校司書1名，アルバイト1名の計4名で運営している。すべてのスタッフが授業サポートに携わり，時にはアルバイトが生徒指導を行うこともある。

## （4）授業事例：「個人課題研究のためのブックレポート」

　探究的な学習の授業例として，2018年度に行った，高等学校1年社会と情報「個人課題研究のためのブックレポート」について紹介する。

　本授業は，2018年12月中旬から2019年1月中旬にかけて，全4回で実施された授業である。本授業の前身となる授業は，2016年から行われており，時期は4・5月，内容は「個人課題研究を意識して1冊新書を読む」という課題であったが，2018年度に大きく内容が変更された。

　研究活動初期において「自分が踏み入ろうとしている研究領域がどのような広さを持つのか知ること」は重要である。個人課題研究でも，課題指導者決定後，学問領域について理解していく「文献調査期」はその後の研究の要になるが，多くの生徒が苦戦する時期でもある。「資料を探しだす技術」と「資料を読む技術」の両方が求められるからである。本授業は，各自の研究のスタートをサポートする目的で行われた。

①授業の概要

　授業の内容は，これから取り組もうとする研究の基礎となる情報を本から収集し，集めた情報を要約，執筆要項にしたがって「序論」を執筆したあと，グーグルの教育用ツール「Google Classroom」を通して，期限内に文書ファイルを提出することである。生徒は，持参した個人コンピュータを用い，書籍，インターネット，オンラインデータベースなどを活用しながら，ブックレポートを執筆した。第1回目は，課題の提示と資料の探し方の説明，第2回目以降は各自の進捗状況に応じて作業を進めた。

　本課題の評価基準は，「提出期限までに提出されたか」「指定されたとおりの執筆要項に沿って，体裁を整えたか」などであった。具体的には，Microsoft Wordに搭載されたスタイル機能を指定通りに使うことや，ペー

ジ番号を挿入したか，引用を適切に行ったか，指定通りに参考文献を作成したかどうかなどが評価された。また執筆内容については「課題指導者とよく話し合うこと」という指導にとどまったため，一定程度のボリュームの文章を執筆できているかどうかが評価された。なお，本課題においては，評価は授業者が行うこととし，図書館は授業サポートを行うにとどまった。

②本授業における図書館のサポート

（a）授業者との打ち合わせ

授業の日程調整や，具体的な授業の流れについて確認するなど，司書教諭と授業者である情報科教員で事前打ち合わせを行った。後述するが，本授業では情報収集・執筆作業だけでなく，個人課題研究テーマに関する個別相談も行うことにしたため，それぞれの役割を確認した。

（b）資料の探し方・NDC 本表および相関索引について解説

授業時間中に，司書教諭が資料の探し方や取捨選択の仕方，日本十進分類表の相関索引の使い方などについて，5 分程度解説を行った。参考資料として，書架の案内図や，第三次区分まで印刷した NDC 早見表（A3 両面 2 枚組），日本十進分類法の本表および相関索引を用意し，生徒が利用する大テーブルに 1 セットずつ配布した。

（c）授業中の資料案内

司書教諭・学校司書が生徒からの求めに応じ，資料の案内を行った。本授業においては，情報探索の実践も重要だったため，NDC を頼りに書架を特定する方法を教え，簡単に案内するに留めた（授業によっては，資料のページを開くなどして，求められた情報を具体的に提示することもある）。

（d）テーマ相談

資料収集に取り掛かる前に，テーマについて，困ったり悩んだりしている生徒のために，司書教諭に相談できる場を設けた。生徒と司書教諭がいっしょに現状を把握し，今何ができるのか，複数の道筋で示すことで，少しでも不安を解消し，具体的な行動に変換できるようにするためである。

具体的には，生徒が抱える漠然とした気持ちを口に出して説明してもらい，司書教諭がそれをホワイトボードに書き出し「見える化」する作業を行った。

③授業実施後の気づきと課題

　多くの生徒は，司書教諭・学校司書の手助けを借りながら，自分にふさわしい資料を自分で見つけ，課題に取り組むことができた。

　テーマ相談においては，「課題指導者にもっとテーマを絞れと言われたが，どう絞ればいいのかわからない」「資料を見つけられない」「実験の方法がわからない」など，研究の進め方や方法に関する相談が最も多かったが，「自分のテーマはこれでいいのか」や「1年間やり通せるか不安」など，個人課題研究に対する精神的な相談も見受けられた。相談により，資料探索の方向性が定まったり，無限に感じていた選択肢を絞ることができたり，ある程度の不安を解消することができたようだ。

　しかし，授業時間は限られているため，すべての生徒を完璧にサポートできたとは言い難い。今後，アフターサポートをどのようにして行うかが課題である。

## （5）探究的な学習とコミュニケーション

　資料を貸出したり，書架を案内したりするだけが探究的な学習の支援ではない。日々の調べ学習を含む探究的な学習においては，児童生徒や教職員との些細なコミュニケーションの積み重ねが重要である。

　例えば，カウンターでの貸出の際，明らかに課題のための資料を借りている児童生徒に，「これは課題の資料？　課題は順調？」と声掛けするような，小さなコミュニケーションである。朗らかな様子で「順調です」「まあまあです」と答える時には，課題に対するモチベーションは高いと察することができるが，問いかけに対し，困った顔や，あからさまに嫌な顔をする場合は，様子を見つつ，もう一歩踏み込んで，研究活動の進捗を尋ねるよう心掛けたい。ネガティブな反応をする児童生徒は，課題につまずいている可能性が高いからである。声かけをきっかけに，積極的にレファレンスにつなげたい。また，とくに心配な様子の児童生徒がいた場合には，クラス担任や課題指導者，授業者に状況を伝えるなどして，すばやく情報共有し，多面的に生徒をサポートすることが重要である。

だれしも，何か問題につまずいたときには課題に取り組むのが億劫になってしまいがちである。とくに中長期に渡って取り組むプロジェクトベースの場合は，周りのペースと差がついてしまうと，無力感や挫折感を感じ，課題について考えること自体が嫌になってしまう。探究的な学習において，不安な気持ちを持つことは順調に学習が進んでいる証拠でもあるが，早い段階で小さな不安を解消し，苦手意識を軽減することが何よりも大事である。

## （6）おわりに

昨今の大学入試改革により，思考する力や論理的に説明する力が求められており，図書館が担うべき役割についても論じられている。

思考する力を育むためには，思考に必要な材料＝情報を過不足なく入手し，多角的に評価する方法を知っている必要がある。また，自分の考えを他者に対し論理的かつ適切に説明できるようになるためには，相手（あるいは聴衆）に合わせて説明の仕方を変えられる柔軟性も必要であろう。これらは実践を通してしか体得し得ないスキルであることは間違いない。

学校図書館は，多様なメディアを駆使してさまざまなことに気づき，対話できる人物を育むためにある。学校図書館を管理運営する司書教諭・学校司書は，環境を整え，教科やクラスと連携して取り組みを進めていくことが重要である。

（三島侑子）

# 3　学校図書館の情報教育への支援

## （1）はじめに

情報教育とは，文部科学省によれば，「子どもたちの情報活用能力の育成を図るもの」であり，その目標については，以下の3つの観点に整理されている[注1]。

①情報活用の実践力

②情報の科学的理解

③情報社会に参画する態度

　これらの3つの観点は，2009（平成11）年改訂の高等学校学習指導要領においての情報科新設に引き継がれるとともに，その後も教育課程における情報教育の柱として受け継がれてきた。情報活用能力の育成は，高度な情報社会を生きる子どもたちにとって，緊急かつ重大な問題である。ここでは学校図書館の情報教育への支援について述べる。

## （2）情報活用能力の育成

　それでは，具体的に学校図書館はどのように情報教育にかかわっていけばよいのだろうか。2016（平成28）年12月に出された中央教育審議会答申<sup>(注2)</sup>において，情報活用能力とは「世の中のさまざまな事象を情報とその結びつきとして捉えて把握し，情報及び情報技術を適切かつ効果的に活用して，問題を発見・解決したり自分の考えを形成したりしていくために必要な資質・能力のことである」と定義した上で，育成するために必要なポイントを掲げている。それらを整理すると以下のようになる。

①情報を手段として主体的に捉え，何が重要かを主体的に考え，見出した情報を他者と協働し，新たな価値の創造に挑んでいくこと。

②情報技術を手段として活用していくこと。

③情報モラルを身につけること。

④資質・能力の3つの柱（知識および技能・思考力，判断力，表現力等・学びに向かう力，人間性等）に留意しながら進めること。

⑤情報技術の基本的な操作を習得すること。

⑥「プログラミング的思考」などを育むプログラミング教育を実施すること。

⑦日常的にICTを活用出来る環境を整備すること。

　これらの答申にあげられた事項は，2017・2018（平成29・30）年改訂の新学習指導要領に引き継がれ，各教科における情報活用能力育成の柱になるとともに，教科「情報」の内容にも引き継がれている。学校図書館もまた，この内容に留意しながら情報教育への支援を行う必要がある。

## （3）情報教育への支援

　それでは，学校図書館ではどのような形で情報教育への支援を行えば良いのだろうか。2017（平成 29）年告示の中学校学習指導要領「総合的な学習の時間」第 4 章指導計画の作成と内容の取扱いの 1 において，前述の中央教育審議会答申の情報活用能力の定義をあげた上で，「これらの能力は，総合的な学習の時間において探究的な学習を進める上で大変重要なものであると同時に，全ての教科等の学習の基盤となるものである」としている。また第 1 章総則の第 2 の 2 の（1）においても，「言語能力，情報活用能力（情報モラルを含む。）問題発見・解決能力等」を学習の基盤となる資質・能力としてあげている。

　情報活用能力と同様にあげられている言語能力もすべての教科等の学習の基盤となるものであり，教科横断型の学びを可能にする学校図書館にとっても，その育成は重要な使命である。つまり情報教育を支援するということは，すべての教科の学習基盤を支えるとともに，言語能力や問題発見・解決能力等にも目を向けた支援が必要になってくる。具体的な支援の内容については，大きく分けて以下のようなものがある。

①さまざまなメディアからなる蔵書の構築

　学校図書館には本はもちろん，新聞や雑誌などの情報がある。また，インターネットやデータベースにもアクセスできる環境の学校図書館もあるだろう。教育課程におけるさまざまな分野で活用できるように，学校図書館においては，まずは，各分野のメディアをできるだけ幅広く収集し，用意することが必要である。

② ICT 機器等の整備

　情報活用において，ICT 機器の活用は必須であるが，その整備という側面において，学校図書館ができることがある。例えば，各学校の実態に合わせてできる限りの機器の管理や整備を担当することによって，授業やその他の場面において，児童生徒の学習支援を行うことが可能になる。学校図書館に 1 クラス分の生徒たちが十分に使えるタブレット端末やコンピュータが用

意されていれば，授業での利用はもちろん，休み時間や放課後の活用も可能
になるだろう。学校図書館内にある情報へのアクセスも容易になるので，イ
ンターネットの情報だけではなく，紙の本や新聞，雑誌，あるいはデータベー
スなどの情報を同時に比較しながら利用することができる。また，過去の児
童生徒の作品を蓄積しておけば，学びに向かうヒントにもなるだろう。

③学校図書館という場も含めたツールの整備

　場としての学校図書館の整備も，情報教育を支援する。児童生徒が話し合
いをしやすいようなレイアウトを作り，ホワイトボードやディスプレイ，プ
ロジェクターなどの機器を整備する他，マジックや模造紙，色鉛筆などのツー
ルがあることも児童生徒の発想を助ける。学びを深める上では，付箋やペン，
空き箱などの廃材も児童生徒の思考を広げる重要なツールになる。多種多様
な情報や道具は，アイデアを豊かにし，アウトプットの方法を広げる。ベン
図やマインドマップのような考え方を可視化するためのシンキングツールが
描かれた用紙や原稿用紙，調べた情報を書き留めておく情報活用カードなど
を備えておくことも有効だろう。

④授業支援を含む人的支援

　人的な支援としては，各教員との連携はもちろん，全体のカリキュラムを
マネジメントする教務主任等の教員や情報担当の教員などとも連携しなが
ら，年間計画等を作成することが望ましい。また，授業の支援として，思考（探
究）のプロセスに包括的にかかわることも重要である。思考力を育てること
を主眼において，そのプロセスを意識することは，その1つの方法だろう。
思考のプロセスは，アイデアを形にしたり，情報をまとめて発信したりする
ときに役に立つ。プロセスの手法を学ぶことは，情報社会を生き抜く力にも
つながるものであり，予測できない事態に対応する力にもなる。アイデアを
出したり，情報を探したり，それを試してみたり，あるいは形にしてみたり，
発表してみたり，といった学びのプロセスすべてを，学校図書館の中で支援
することができれば，それはすべての教科へと生かせる方法であり，また情
報教育への包括的な支援にもつながる。

## （4）授業における支援

①総合的な学習の時間

　小学校・中学校・高等学校と共通してあげられるのが，総合的な学習の時間における情報活用能力の育成であろう。総合的な学習の時間は，自ら主体的に学ぶとともに，仲間と協働しながら問題解決的な学習に取り組むためにとても有効な時間でもある。これらの学びの中に，情報活用能力の育成がかかわる場面も多い。具体的な支援としては，各分野の基本的な資料はもちろん，各学校の教育課程や地域性に応じた資料の構築も重要である。

②中学校・技術

　高等学校における教科「情報」につながる科目として，中学校では技術・家庭科における技術分野に，「情報の技術」という項目がある。この「情報の技術」におけるねらいは，学習指導要領によれば，「情報の技術の見方・考え方を働かせた実践的・体験的な活動を通して，生活や社会で利用されている情報の技術についての基礎的な理解を図り，それらに係る技能を身につけ，情報の技術と生活や社会，環境とのかかわりについて理解を深めるとともに，生活や社会の中から情報の技術にかかわる問題を見いだして課題を設定し解決する力，よりよい生活や持続可能な社会の構築に向けて，適切かつ誠実に情報の技術を工夫し創造しようとする実践的な態度を育成することを狙いとしている」と書かれている。社会における情報の技術についての基礎的な理解を図り，小学校からプログラミングを学んできているという前提において，プログラミング的思考による解決策も盛り込まれている。

　これらのねらいを読んでもわかる通り，「情報の技術」は，情報活用能力の育成を含むものであり，単に情報の種類や仕組みを学ぶだけのものではない。具体的な支援については，高等学校の情報科の中で詳しく触れる。

③高等学校・情報

　「情報」の授業は，情報活用能力に深くかかわる授業であり，情報の授業への支援は，高等学校の学校図書館においては必須であり，担当教員とも連

携しながら，綿密に進めたいところである。前述した具体的な支援のポイントも重ね合わせながらいくつか具体的に例をあげてみよう。

　例えば東京書籍の「情報」の教科書，『情報の科学』<sup>（注3）</sup>の中から，学校図書館で支援できる内容について，いくつかピックアップしてみよう。

```
1章　コンピュータの仕組みと働き
　1節　コンピュータ　　　　　　　5　著作権の活用
　2節　情報通信ネットワーク　　　2　インターネットの利用
　　　（情報検索，電子メールについてなど）
2章　問題解決とコンピュータの活用
　1節　基本的な考え方と手順　　　3　解決方法の考案
　　　　　　　　　　　　　　　　4　解決方法の選択
3章　情報社会の科学的な理解
　2節　情報社会の安全　　　　　　3　問題解決と情報の評価
　　　（情報の信頼性と信憑性，メディアリテラシーの必要性など）
　　　　　　　　　　　　　　　　4　情報社会の安全とルール
　　　（情報社会の役割と個人の役割，マナーとルールと法律など）
　3節　これからの社会と情報モラル　1　新たなコミュニティ
　　　（多様なコミュニティ，新しいコミュニティにおける課題など）
　　　　　　　　　　　　　　　　2　情報モラルとマナー
　　　（情報モラルとは，有害サイトや違法サイトに対する姿勢など）
　　　　　　　　　　　　　　　　3　社会の発展に向けて
　　　（情報技術との関わり方，情報社会におけるよりよい人間関係の構築など）
```

※『情報と科学』に掲載されている内容から一部抜粋　下線は筆者

　「著作権の活用」については，個人情報の取り扱い方や，モラル教育にもかかわってくる。また，「インターネットの利用」には，キーワードによる検索方法も含まれ，まさしく図書館の得意とするところである。例えば図書館の分類やデータベースの使い方などと合わせて支援したいところである。図書館にコンピュータ等が置いてあったり，学校の中でメールのアカウントを発行したりしている場合は，メールの作成方法なども支援の1つになるだ

ろう。

　2章1節3の「解決方法の考案」には，発想法が含まれる。ここでは前述したシンキングツールなどでの支援が有効だ。4は「解決方法の選択」であるが，この部分でも，例えば思考のプロセスなどの共通理解があれば，スムーズに動くことも多い。学内でこうした探究型の学びのモデルを提案していくこともまた，教科横断型の学びを支える学校図書館の役割である。

　3章2節3の「問題解決と情報の評価」では，情報の信頼性と信憑性やメディアリテラシーの必要性など，まさしく学校図書館が取り上げるべき内容が含まれている。また4の「情報社会の安全とルール」では，情報社会における個人の役割やマナー，ルール，そしてそれらを守る法律についても触れている。学校図書館としては，情報の授業と並走しながらこれらのテーマを取り上げて特集を組むことにより，より授業の中身を定着させることができる。また，確かな情報源とインターネットの情報を比較したり，法律の調べ方やそれらの変化，またフェイクニュースの見分け方などについても学ばせたりすることにより，正しくかつ最新の情報を得る姿勢を伝えるような支援が可能である。

　3章ではさらに，SNSなどを取り上げ，情報モラルやマナーについて学習していく。これらについても上記と同様の支援を行うほか，学校図書館内の利用ルールやマナーについても合わせて指導することで，社会の中でより よく生きることや，社会の発展に貢献していくことなどについて考える機会としていくことも重要である。

　上記以外にも，教科書の中には，実際にデータベースを体験したり，情報を収集し内容を理解した上で発表したりするなどの項目も含まれている。これらの取り組みにも，学校図書館として，包括的にかかわりたいところである。以上のように，「情報」は学校図書館で行うべき指導が数多く含まれている科目である。情報科の教員と情報共有し，しっかりと連携することで効果的な学びへとつなげていきたい。

## （5）創造的な活動への支援

　工学院大学附属中学校・高等学校（以下「工学院」）では，総合的な学習の時間を活用して，情報活用能力の育成や，思考のプロセスを活用し，アイデアを形にする授業を学校図書館で行っている。工学院は東京都八王子市にある中高併設型一貫校で，中学生は全員タブレット端末，高校生はBYOD（Bring your own device, 個人のデバイスを持参し，活用すること）を採用するなど，ICTの活用に力を入れているほか，2018年度からは電子図書館を導入している。工学院のように，学校図書館を活用しながら情報活用能力の育成を目指した授業を展開している学校は他にも複数ある。また，学校図書館内において月2回程度のペースで，外部講師を招いてプログラミング講座も行っている。一定のスキルを身につけた生徒は，図書館内の基本的なルールを守った上で，さまざまな機材が使える。コンピュータ，タブレット端末，3Dプリンター，ペンタブレット，MESH（IoTブロック）などである。これらの使用を可能にしているスペースを，工学院では「ファブスペース」と呼んでいる。

　なぜ，学校図書館でこのような授業等を行ったり，ファブスペースのような場所を作ったりしているのだろうか。それはここまで述べてきた情報教育への支援とも大きなかかわりがある。学校図書館にはたくさんの情報があり，

図表6－2　工学院のファブスペース

新しい知識を得ることにより，それらを使って自分の考えをまとめたり，アイデアを形にしたりすることが可能である。しかし，そのためには学校図書館が単なる情報提供の場所で終わってはいけない。その情報をいかに活用して，自分の考えや生き方に生かしていくかが重要になる。学校図書館は，こうした「学びのデザイン」を可能にする場所である。

2018年度に工学院では，高等学校2年生の情報の授業の中で，3Dプリンターを活用した授業が行われた。情報科の教員によるこの授業の目的は，「オリジナル作品の制作を通して，創造性ゆたかに技術を使いこなし，作り手の立場にたってアイデアを形にする経験を積む」という内容だった。3Dプリンターは自分のアイデアを具現化することに適している。自分が思い描いたデザインを，見える形，触れる形にしてその場でアウトプットできる仕掛けを用意することもまた，情報教育への支援へとつながる。この授業は，最初から最後まで図書館の中で行われたのであるが，その過程においては，3Dプリンターを含め，図書館にあるさまざまな情報やツールが活用された。

このような，アイデアが浮かんだときに形にすることができる学びのスタイルは，学校における学習モデルの転換とも一致する。ものづくりは，「何を作るか」というゴールを設定し，それに向けての試行錯誤である。何が必要か見えていれば学びやすいし，モチベーションにもなる。当然のことながらそれは生きた知識になり，しっかりと定着していく。ファブスペースの存在は，情報の収集というインプットから，それらを整理し再構築してアウトプットする「情報教育」を支援する場として，あらためて学校図書館を定義することにもつながる。

図書館にある資料や情報ツールは，いろいろな人たちが使える。それらすべてが「情報」である。そして開放されたスペースだからこそ使っている人たちを見ることができる。さらにその中から教え合いが生まれる。より開かれた場所であるからこそ，多くの可能性が生まれる。学校図書館は，今までの情報提供の場から，楽しみながら，時に失敗しながら，仲間とともに自らのアイデアを形にする場所へと変化しつつある。

改めて新学習指導要領をみると，その中では，現代的な諸課題解決のため

に求められる資質・能力の育成プログラムが重視され，学んだことを自分なりにアレンジし，その先の学びへとどう生かすかが求められている。それは予測不可能な未来をどう生きるかという問いかけにもつながる（つなげる）。学校図書館はインプットした情報をあらゆる形で再構築する場所であり，そして失敗を恐れずに試行錯誤できる場所である。学校図書館があらゆる情報を構築し，それらを支援する場所になることこそが，情報教育への支援となる。

（有山裕美子）

〈注〉
（注1）文部科学省　情報科の進展に対応した初等中等教育における情報教育の推進等に関する調査研究協力者会議　第1次報告「体系的な情報教育の実施に向けて」1997年10月
（注2）文部科学省　中央審議会「幼稚園、小学校、中学校、高等学校および特別支援学校の学習指導要領等の改善および必要な方策等について」（答申）（中教審197号）2016年12月
（注3）赤堀侃司，永野和男，東原義訓ほか『情報の科学』東京書籍　2017年

# 4　学校図書館の特別活動への支援

## （1）教育課程と特別活動

### ①「特別活動」とは

　「特別活動」ということばは，一般にはなじみが薄いが，その内容は学習指導要領に定められている。学習指導要領（2018年告示）によると，特別活動は，教育課程を構成する一領域として，他の領域とともに，校種ごとに定められており，その具体的内容は，次のようになっている。

　　一．小学校……学級活動，児童会活動，クラブ活動（四年生以上），学校行事

二．中学校……学級活動，生徒会活動，学校行事
　三．高等学校……ホームルーム活動，生徒会活動，学校行事

　その特別活動の目標は，新学習指導要領では次のように記されている（小学校）。

　　　集団や社会の形成者としての見方・考え方を働かせ，様々な集団活動に自主的，実践的に取り組み，互いのよさや可能性を発揮しながら集団や自己の生活上の課題を解決する（略）。

　ここには，集団活動，自主的・実践的な取り組み，自己の生活上の課題の解決などといったキーワードが見られる。こうした特別活動には，子どもが，自分たちの学校生活に関する事柄を他者と協同しながら解決策，向上策を考え，それを自らが「なすこと」により問題に立ち向かっていくという考えが内在化している。
②「なすことによって学ぶ」……特別活動の基本的原則
　この「なすことによって学ぶ」という考えは，特別活動の根幹を形成している。現行学習指導要領の解説（特別活動，中学校編）には，「特別活動の教育的意義」のなかで，「特別活動の特質」として二番目に，次のように解説されている。

　　　実際の生活経験や体験活動による学習，すなわち「なすことによって学ぶ」ことを通して，全人的な人間形成を図るという意義を有している。（略）また，「なすことによって学ぶ」ことを通して，教科等で学んだことを総合化し，生活や行動に生かすという自主的，実践的な態度を育てることができる。

　そして，この「なすことによって学ぶ」という考え方は，特別活動の出発時から続く基本的原則である。「特別活動」という名称が学習指導要領に初

めて登場するのは 1968 年（小学校，中学校は 1969 年，高等学校では 1978 年）からであるが，それ以前は「特別教育活動」という名称が使用されていた（「教育」が付いていた）。そして，この特別教育活動という名称が学習指導要領に初めて登場するのは，戦後 6 年目の 1951 年改訂の学習指導要領である。その中学校版では，特別教育活動の意義が，次のように記されている。

　　教育の一般目標の完全な実現は，教科の学習だけでは足りないのであってそれ以外に重要な活動がいくつもある。教科の活動ではないが，一般目標の到達に寄与するこれらの活動をさして特別教育活動と呼ぶのである。したがって，これは単なる課外ではなくて，教科を中心として組織された学習活動でないいっさいの正規の学校活動なのである。
　　　教科の学習においても，「なすことによって学ぶ」という原則は，きわめて重要であり，実際にそれが行われねばならないが，特に特別教育活動はこの原則を強く貫くものである。

　子どもの自主的な集団活動は，子ども自身が「なす」ことを通じて学ぶ（「なすことによって学ぶ」）ということが強調されている。特別教育活動は，子どもの自主性，主体性を軸とした活動だが，その子どもが，自分たちの学校生活に関する事柄を他者と協同しながら解決策，向上策を考え，それを自らが「なすこと」によって問題に立ち向かっていく，そのことが，子どもの「育ち」そのものになっていくという考えである。
　自主的，実践的な態度の育成と結びついた「なすことによって学ぶ」という考えは，特別活動がわが国の教育に登場して以来，今日にいたるまで特別活動を貫く基本的原則である。

## （2）特別活動の展開と学校図書館

### ①教育課程の一領域としての特別活動（1）……子どもに対する支援

　特別活動は教育課程の一領域であり，学校図書館は「教育課程の展開」に寄与することを目的の 1 つとしているから，特別活動に対する支援も学校図

書館活動の1つとして位置づけられる。

その特別活動の基本は，子どもの「自主的，実践的」な取り組みにある。それゆえ，子どもに対する学校図書館による特別活動への支援も，こうした「自主的，実践的」取り組みを支えることを前提に行われる。次に，その具体的事例について論ずる。

特別活動のなかには，ボランティア活動のように学校の外で発揮される活動もある。しかし，特別活動の多くは校内で行われる。その際，その活動を校内に発信するために，さまざまな広報媒体を利用することがある。校内放送，広報誌，ポスター，チラシ，そして今日ではさまざまな電子媒体を利用した発信である。その際，その活動主体である子どもには，これらの広報媒体をどのように発信したらよいのか，その手法に関する情報（知識）が必要となる。学級担任や顧問教員の助言が基本となるが，子ども自身もその発信方法を知るために，さまざまな資料を求めることがある。壁新聞の作り方，児童会（生徒会）だよりや図書館報（図書館だより）の作成方法などである。レイアウトの取り方，記事の書き方，見出しのつけ方など，多様な観点から解説した資料があれば，子どもの情報発信を助けることになる。こうした際に，必要な資料を子どもに提供することは，特別活動を効果的に実践するための学校図書館の支援の1つである。

あるいは，運動系のクラブ活動に属している子どもは，その競技に関する「ルール」を知らなければならない。そのルールを解説した資料は，そうした子どもにとって重要な資料である。とくにルールが変更になった際は，新ルールを解説した資料を用意する必要がある。また，効果的なトレーニングの理論や仕方，当該競技の上達方法に関する資料も役に立つ。

文化系のクラブ活動に属している子どもも同様である。放送・演劇・文芸・理科・弁論・合唱・吹奏楽など多様なクラブがある。そうしたクラブに属している子どもは，それらに関する知識を知りたいと同時に技術を習得したいと思う。それらに関する資料の提供は，こうした活動をしている子どもにとって大きな支援となる。

修学旅行では，高校生になると団体行動を離れて，グループ（班）で自主

行動を行う場合があるが，その際は事前にその見学地を調べておくことが重要となる。同じグループのメンバーと意見を調整する必要もある。その時，学校図書館では，修学旅行先に関する資料（観光ガイドブック，歴史資料，地図など）を用意（別置）し，それらを一定期間閲覧できるようにしておくと当該の子どもたちが見学地を選定する際の資料となる。

　クラス委員になった子どもは，学級担任とは別に学級運営の基本を知りたいと思う。学級会（ホームルーム）の運営方法，学級行事への取り組み方，そうした資料があれば，クラス委員の支援になる。

②教育課程の一領域としての特別活動（２）……教員に対する支援

　特別活動に対する学校図書館の支援は，特別活動を担当する学級担任，クラブ顧問教員，児童会（生徒会）顧問教員など教員に対しても行われる。関連する資料の提供を通じた支援である。

　学級運営，クラブ指導，委員会指導，学校行事などに関する資料は多数出版されている。国立国会図書館の蔵書検索機能を利用して「特別活動」を検索すると非常に多くの単行本，論文を検索することができる。それらには理論書もあるが，実践例を基にした「どのようにして運営（指導）するか」という具体的事例を紹介したものが多い。学校図書館としては，これらの資料を提供することになる。しかし実際の学校現場では，このような特別活動に関する資料の所蔵は少ない。学校図書館は「児童生徒」が利用する教育環境だとの観念，また図書資料の購入費が少ないなか，これらの資料が学校図書館に収集されるケースはあまり多くない。しかし特別活動の指導に悩む教員も多くいる。例えば，

　　（a）文化祭や学校行事をどのように実施したらより教育効果が上がるのか

　　（b）児童会（生徒会）活動や委員会活動を子どもの自主性を育てながら指導するにはどのような点に留意したら良いのか

　指導にこのような困難を抱える教員に「教育指導への支援」の一環として，これらの資料を提供することは，学校図書館の任務の１つである。

## （3）図書委員会活動を例に

①「自発的，自治的」活動としての図書委員会活動

　学校図書館の特別活動への支援について，図書委員会活動を一例に説明する。図書委員会活動は，児童会（生徒会）（以下「児童会」）組織内に設けられた「各種の委員会」活動の１つで，子ども（児童生徒）の自主的，主体的活動である。

　その児童会活動の指導の際に配慮すべき事項として，2018 年告示の学習指導要領（「指導計画の作成と内容の取扱い」）には，学級活動，クラブ活動の指導に対する配慮とともに，次のように述べられている（小学校）。

　　　　指導については，指導内容の特質に応じて，教師の適切な指導の下に，児童の自発的，自治的な活動が効果的に展開されるようにすること。その際，よりよい生活を築くために自分たちできまりをつくって守る活動などを充実するよう工夫すること。

　今日，特別活動としての「児童会活動」の一部を構成している図書委員会活動も，子どもの「自発的，自治的」活動として展開されることを基本としている。「児童会活動」は，子ども自身による活動であり，子どもが「なすことによって学ぶ」活動である。

②図書委員会活動の複合性（１）……奉仕的活動

　図書委員会活動は，２つの側面を有している。その第一は児童会活動の一部をなす子どもの自主的活動としての面であり，第二は日々の教育活動を支える奉仕的活動としての面である。

　奉仕的活動は，学校教育において「欠くことのできない基礎的な設備」（学校図書館法第１条）として位置づけられた学校図書館の任務と重なり合っている。図書の貸出，返却本の受付・配架，日常的な書架整理，ときには選書，簡単なレファレンス（利用時間，利用方法，資料の所在の案内など）への対応など図書委員が行っている活動のいくつかは，学校図書館運営における常

態的な業務で，図書委員の存在にかかわらず，学校図書館（担当者）が担うべき任務である。そうした任務の一端を図書委員が担うことにより，学校図書館の日々の運営を支えている。「奉仕的活動」としての図書委員会活動である。こうした活動が円滑に行われるためには，図書委員は次のようなことに配慮する必要がある。

（ａ）カウンターでの対応に際しては，接遇時の態度やことばづかいに配慮すること。

（ｂ）図書委員は，貸出，返却の受付の際に，だれがどんな本を借りたのかを知る立場にある。しかし利用者の利用事実は，利用者のプライバシーに属することなので，他に漏らさないことを理解すること。

（ｃ）配架する際を含めて，図書委員会活動には，分類・目録などの資料の組織化，請求記号の意味など図書館に関する基礎的な知識が必要になる。日本十進分類法（NDC）など図書館に関する簡単な知識を習得すること。

　こうした知識や技術の習得は，一義的には担当の顧問教員の指導によって行われる。しかし同時に，子ども自身がそのことを学びたいと思うことも多々ある。そうした要求に応えるために，当該学校図書館はそのための資料をそろえる必要がある。接遇の仕方（コミュニケーション能力），図書館資料の分類に関する資料（日本十進分類法）などの資料を整備することにより，子ども自身が，委員会活動に必要な知識や技術を身につけることができる。図書委員会活動を支援する学校図書館の任務でもある。

③図書委員会活動の複合性（２）……自主的活動

　図書委員会の活動には，奉仕的活動以外に，図書委員がその自主性と主体性を発揮して行う多くの活動がある。その活動の一端を紹介する。

　第一は，図書館利用を全校的に広める広報の役割である。図書館の広報活動は，図書館の存在や日常的業務を全校的に伝える活動で，図書館が外に向かってその活動内容を発信する貴重な機会である。いわば，図書館と教室とを結びつける接点ともなる活動である。その具体的活動内容には，次のようなものがある。

（a）「図書館報」（図書館だより）の発行

（b）新着図書の紹介

（c）ポスターの作成と掲示

（d）放送などを活用した図書館案内

　これらの活動も，学校図書館担当者が行う任務と重複しているが，図書委員会活動としては，子どもの自主性，主体性を活かすという点に立脚した活動の展開がポイントになる。

　第二は，各種の図書館行事を企画・運営することを通じて，利用者の関心を図書館に向ける役割である。学校図書館の再発見，活性化を促す大きな活動である。その活動には，次のような活動がある。

（a）読書会

（b）読み聞かせ

（c）資料の展示

（d）図書館講演会の開催

（e）学校祭（文化祭）などへの参加

　これらの活動に際しても，顧問教員の適切な指導が必要であるが，子ども自身がこうした行事を円滑・効果的に実践できることを解説した資料があれば，子どもの創意工夫はさらに拡大する。学校図書館は，そうした資料の提供を通じて，子どもの活動を支援する必要がある。そうした支援を得て，子どもの自主性，主体性もさらに高められる。

## （4）図書委員会活動の教育的意義

　特別活動は教育課程の一環である以上，その活動には教育的意義が内在している。次に，その意義について述べる。

　第一は，特別活動を通じて「心身の調和のとれた発達と個性の伸長を図り，

（略）自主的，実践的な態度」（現行学習指導要領，特別活動）が育成されることである。学校のなかには，教員が主体となって事に当たるケースが多々あるが，同時に子どもは「学校の主人公」として，自らが豊かな学びと育ちの環境を形成していくということも大切なことである。とくに委員会活動は，児童会（生徒会）活動のなかで「よりよい学校生活づくりに参画」（現行学習指導要領，特別活動）することの一環でもあり，そうした「参画」を通して，集団や社会の一員として必要な意識と資質を培い，「自主的，実践的」な態度を自らの内に培うことができるのである。

　子どもは，小さなおとなではないが，おとな（人間）社会では「協同」して物事に対処することは日常的出来事である。その「協同」が困難を克服することにつながっていく。そのためにも，各人が「自主的，実践的」に問題の解決に向かっていかなければならない。「学校の主人公」は，いずれ「社会の主人公」にもなっていくのである。

　2016年に出された中央教育審議会答申は，特別活動の「更なる充実が期待されている今後の課題」の1つに，「複雑で変化の激しい社会の中で求められる能力を育成する視点」を上げ，具体的に「社会参画の意識の低さが課題となる中で，自治的能力を育むことがこれまで以上に求められている」と記している。そしてさらに，主権者教育とかかわり，次のようにも述べている（p.233）。

　　　主権者教育の視点として，多様な他者と協働しながら，地域の課題を自分事として捉えて主体的にその解決に関わり，社会に積極的に関わっていく力が今後ますます重要になる。学級会・ホームルーム活動における自治的能力を育成する様々な活動，児童会・生徒会における役員選挙や総会，委員会活動や，クラブ活動の計画的な運営など，自治的な活動を実践的に学ぶ場面などについて，社会科や公民科との関連も図りつつ，その一層の充実を図ることが求められる。

　特別活動は，子どもの自主的，主体的活動を通して，「社会の主人公」（主

権者）として必要な基盤を培うことにつながるのである。

　第二は，特別活動が，子どもの人間形成，成長の大切な場となるということである。とくに委員会活動は，委員相互が，お互いに意見を述べ，アイデアを出し，そして時間と労力を使って行われる活動である。対立・葛藤・和解・前進はすべての集団活動に共通した現象だが，それは委員会活動でも生ずる現象である。子どもは，そうした場面に遭遇して，「自分の考えや行動」は，必ずしも他者もが共有するものでないことも学んでいく。そして，そうした学びを通して，多様な見解の存在を知り，自分の世界を少しずつ広げていく。いわば，多様性を知り，寛容の心を培うことを通して自己形成，人間形成を図ることができるのである。

## （5）特別活動の指導—教員の「適切な指導」

　本節の最後に，特別活動の指導について述べたいと思う。学習指導要領は，特別活動の指導に当たって配慮すべき事項として，教員の「適切な指導」を上げている。「適切な指導」とはどんな指導なのだろうか。

　それは，何よりも子どもの自主性，主体性を生かした活動が展開されるような指導である。そのためには，委員各自の個性や創造性を大切にした指導，さらには委員各自が積極的に委員会活動に参加できるような指導が求められる。とくに子どもの自主性，自発性の尊重は大切である。

　特別活動を担当する教員（顧問）の指導のあり様は，特別活動に大きな影響を与える。何よりも，学級担任，顧問教員には，特別活動の教育的意義を理解することが求められる。自主的，主体的活動を通じて，一人ひとりの子どもが自分の個性を発揮し，自己を形成していくという教育に固有の営みが，特別活動にも内在化している。

　特別活動に対する学校図書館の支援も同様である。学校図書館担当者自身が，特別活動の意義を理解することが重要である。その理解を下に，学校図書館の支援も，子どもの自主性，主体性の発揮をより一層進める方向でなされる必要がある。

（渡邊重夫）

# 学校図書館の連携・協力と将来像

地域社会における生涯学習のための主な施設・機関として，公共図書館，博物館，および公民館などをあげることができる。これらの施設・機関では，学校，および学校図書館との連携・協力を通じて，児童生徒の学習支援や教職員の教育支援に寄与している。また，学校図書館支援センターを公共図書館などに設置すること，公共図書館が学校支援サービスや学校図書館支援サービスを実施することなど，地域社会の学校図書館支援システムの構築を通じて，学校図書館のさらなる活性化を目指している。

そこで，本章では，まず博物館と公民館を対象として，学校，および学校図書館との連携・協力について述べる。次に，公共図書館と学校，および学校図書館との連携・協力について論じる。また，地域社会で学校図書館支援システムを構築することの意義とあり方について考察する。さらにこれらのことをふまえて，学校図書館の将来像について論じる。

## 1　生涯学習のための施設・機関との連携・協力 ―博物館と公民館

### （1）博物館との連携・協力

博物館法によれば，博物館とは「歴史，芸術，民俗，産業，自然科学等に関する資料を収集し，保管（育成を含む）し，展示して教育的配慮の下に一般公衆の利用に供し，その教養，調査研究，レクリエーション等に資するために必要な事業を行い，あわせてこれらの資料に関する調査研究をすることを目的とする機関」と定められている。博物館法の規定の中には，美術館，資料館（民俗，歴史など），動物園，水族館，植物園，科学館（自然科学，

技術など）が含まれている。

　博物館法第3条十一の2では，「博物館は，その事業を行うに当つては，土地の事情を考慮し，国民の実生活の向上に資し，更に学校教育を援助し得るように留意しなければならない」とあり，博物館による学校教育の援助について明記されている。

　また，2008年の中央教育審議会答申において，博物館が学校を支援すること（博学連携）の重要性が示された。博学連携とは，博物館と学校とが望ましい形で連携・協力を図りながら，子どもの教育を進めていこうとする取り組みである。単に授業での連携だけではなく，修学旅行や遠足，職場体験，部活動などでの連携も含む広範な教育活動に及んでいる[注1]。

　さらに，社会科などの学習指導要領においても，博学連携の考え方について言及されている。例えば，2017（平成29)年中学校社会科学習指導要領では，「博物館，郷土資料館などの施設を見学・調査したりするなど具体的に学ぶことを通して理解させるように工夫すること」とある。

　図表7－1は，学校と博物館との連携や関係について件数の多い上位7位を示したものである[注2]。授業の一環として児童生徒が来館する博物館は，「よくある」（40.7％）と「時々ある」（50.0％）を合わせると，約9割にも達している。また，遠足や修学旅行等の行事として児童生徒が来館する博物館は，「よくある」（32.0％）と「時々ある」（45.2％）を合わせると，約8割を占めている。さらに，職場体験の一環として児童生徒が来館する博物館は，「よくある」（20.2％）と「時々ある」（45.6％）を合わせると約7割である。博物館は児童生徒の広範な教育活動に寄与しており，学校教育においてきわめて重要な役割を果たしていると言える。図表7－1にも示されているように，学芸系職員が学校に出向き児童生徒を指導するというよりも，むしろ児童生徒が授業の一環として，学校行事として，または職場体験の一環として，博物館に出かけ，学芸系職員から指導を受ける傾向が見られる。

　児童生徒の来館による博物館での学びをより一層意義のあるものとするためには，事前の調べ学習が大切である。見学先の博物館について，児童生徒が公式ウェブサイト，レファレンスブック，および関連する資料など，適切

図表７－１　学校と博物館との連携や関係（2013年度：上位７位）

| 連携や関係 ＼ 頻度 | よく<br>ある | 時々<br>ある | ない | 無回答 |
|---|---|---|---|---|
| 児童生徒が授業の一環として，博物館に来館する | 40.7% | 50.0% | 5.8% | 3.5% |
| 児童生徒が遠足や修学旅行等の行事として，博物館に来館する | 32.0% | 45.2% | 19.1% | 3.7% |
| 児童生徒が職場体験の一環として博物館に来館する | 20.2% | 45.6% | 30.6% | 3.7% |
| 博物館で学芸系職員が児童生徒を指導する | 19.8% | 37.0% | 39.0% | 4.3% |
| 来館のための事前のオリエンテーション（説明会や下見への対応等）を，学校関係者に行う | 15.9% | 40.3% | 39.9% | 4.0% |
| 学芸系職員が学校に出向いて児童生徒を指導する | 9.0% | 30.8% | 56.1% | 4.1% |
| 学校に資料や図書を貸し出す | 5.2% | 31.3% | 59.3% | 4.2% |

『日本の博物館総合調査：基本データ集』平成25〜27年度　日本学術振興会（JSPS）科学研究費助成事業
基盤研究（B）課題番号25282079をもとに作成。有効回答である日本の2,258館の博物館を100％として，
各項目の比率が計算されている。

な資料や情報を入手できるように，また，児童生徒による主体的なアクティブ・ラーニングが実現できるように，学校図書館による教育上の支援が求められる。

## （2）公民館との連携・協力

　公民館は博物館と比べると，必ずしも児童生徒が普段の生活のなかで利用しているとは言えない。しかし，その数は多く，全国的な生涯学習のための施設・機関である。2015（平成27）年度社会教育統計調査結果によれば，公民館数は14,841館である。一方，比較のために2015（平成27）年度学校基本調査によると，小学校数は20,601校，および中学校数は10,484校である。すなわち，公民館数は，小学校数と中学校数の中間に位置づけられており，全国に普及していると言える。

　また公民館は，教育基本法や社会教育法を根拠に設置されており，日本の

教育法体系のなかに明確に位置づけられている。公民館の目的として社会教育法第20条では「市町村その他一定区域内の住民のために，実際生活に即する教育，学術及び文化に関する各種の事業を行い，もって住民の教養の向上，健康の増進，情操の純化を図り，生活文化の振興，社会福祉の増進に寄与することを目的とする」とある。

　どちらかと言うと社会教育法では，公民館に関して細かな規定を設けておらず，各市区町村の裁量に委ねられている。そのため，公民館は市区町村により，施設規模，運営方法，職員の配置なども異なり，名称も「公民館」の他に「学習館」「市民センター」「コミュニティセンター」などさまざまである。公民館の機能として，「つどう」（講座や文化祭などの集会活動を行う場所），「まなぶ」（住民のさまざまな学習機会の場所），「むすぶ」（地域社会の団体や住民の交流の場所）の３つがあると言われている。このような機能を備えているために，例えば「土曜学習」の活動を推進するなど，公民館は学校や学校図書館と工夫次第で連携することができる[注3]。

　例えば地域振興運動の１つである「一村一品運動」の原点となった大分県日田市大山町の大山公民館では，感性が育つ公民館を目指しており，「親子体験教室」「大山中学校一日公民館体験教室」などの事業を行っている。「親子体験教室」ではPTAと連携し地域の人々に講師として協力してもらい，しめ縄づくりなど日本の伝統文化を親子で体験する機会となっている。「大山中学校一日公民館体験教室」は，中学生が公民館に登校し，地域の人々が講師となり，一日学ぶという取り組みである。太極拳教室に参加した中学生と講師になった高齢者との触れ合いを通じて，参加者は学ぶことの楽しさを実感できる[注4]。

　また，岩手県久慈市立大川目市民センターでは，久慈市の歴史と文化の発祥の地であり交通の要所としても栄えた大川目町について，歴史や文化を後世に伝えようと地域や学校との連携・協働による「ふるさと教育」を行っている。主な内容として，以下の３つをあげることができる[注5]。

①剣舞伝承教室

　大川目町に古くから伝わる伝統芸能「剣舞」について，小学校５・６年生

が地元の指導者から指導を受け，「備前の里夏祭り」や学校の運動会で披露している。

②郷土の歴史講座

　それぞれ小学校５年生，中学校１年生，一般を対象とした内容の異なる３種類の講座がある。小学校５年生の講座では，教室で久慈城の会の人たちから「久慈城とその歴史」について学んだあと，久慈城跡を見学し，説明を受ける。なお，本講座を契機として，中学校の全校生徒による久慈城跡の環境整備に関するボランティア活動も行われている。

③昔語りの部屋

　地元の昔話が公民館で整理・編集され，1981年に大川目昔語り集「おらが町の昔っこ」第１集として発行された。その後大川目青年会が昔話の収集に取り組み，第２集から第５集までを1985年までの４年間で発行した。

　昔語りの部屋では，小学校３年生が語り部に挑戦している。語り部教室で方言の指導を受けながら練習に取り組む。また，学校での総合の時間で衣装や小道具などを作りながら，さらに練習を重ねる。そして，市民センターで行われる「むがぁすむがすまつり」での発表に臨んでいる。

　以上のように公民館との連携・協力については，その前提として地域社会の歴史や文化を後世に伝えたいという地域社会の願いがあり，そのために指導者を含む地域住民，学校の教職員と児童生徒，家庭が一丸となり，各種の事業に継続的に取り組んでいる。


　博物館との連携協力が既に学校教育のなかで定着しているのに対して，公民館との連携協力にはこれからの大きな可能性を秘めている。


## 2　公共図書館との連携・協力

### （1）現状調査の結果による学校および学校図書館と公共図書館との連携・協力

　図表7－2は，2015（平成27）年度末現在の学校と公共図書館との連携

状況について示したものである<sup>(注6)</sup>。公共図書館と連携している学校数は校種別に見ると、「小学校」が82.2％を占めており最も多く、次いで「中等教育学校前期課程」（61.3％）、「同後期課程」（60.0％）、「中学校」（57.5％）、および「高等学校」（51.1％）の順である。一方、「特別支援学校」においては「小学部」「中学部」「高等部」ともに4割弱となっており、他の校種と比べると公共図書館との連携は少ない傾向にある。

図表7－2　学校と公共図書館との連携状況（2015年度末現在）

| 連携の状況／校種 | 学校数(A) | 連携の学校数(B)(B/A：%) | 学校への資料の貸出(C)(C/B：%) | 定期的な連絡会(D)(D/B：%) | 司書等の学校訪問(E)(E/B：%) |
|---|---|---|---|---|---|
| 小学校 | 19,604 | 16,119(82.2%) | 15,288(94.8%) | 3,625(22.5%) | 4,113(25.5%) |
| 中学校 | 9,427 | 5,424(57.5%) | 4,663(86.0%) | 1,695(31.3%) | 1,191(22.0%) |
| 高等学校 | 3,509 | 1,793(51.1%) | 1,645(91.7%) | 282(15.7%) | 212(11.8%) |
| 特別支援学校小学部 | 837 | 328(39.2%) | 276(84.1%) | 33(10.1%) | 76(23.2%) |
| 特別支援学校中学部 | 834 | 305(36.6%) | 257(84.3%) | 33(10.8%) | 65(21.3%) |
| 特別支援学校高等部 | 850 | 290(34.1%) | 252(86.9%) | 24(8.3%) | 62(21.4%) |
| 中等教育学校前期課程 | 31 | 19(61.3%) | 16(84.2%) | 3(15.8%) | 3(15.8%) |
| 中等教育学校後期課程 | 30 | 18(60.0%) | 16(88.9%) | 4(22.2%) | 2(11.1%) |
| 合計 | 35,122 | 24,296(69.2%) | 22,413(92.2%) | 5,699(23.5%) | 5,724(23.6%) |

文部科学省『平成28年度「学校図書館の現状に関する調査」結果について』2016年10月13日をもとに作成

　具体的な連携の内容については、いずれの校種においても8割以上の学校で、「公共図書館から資料の貸出」を受けており、最も多い。一方、「公共図書館の司書等による学校への訪問」や「公共図書館との定期的な連絡会の実施」については、いずれの校種の学校においても多いとは言えない。

　　学校が必要とする資料を公共図書館が貸出すといういわゆる相互貸借による連携・協力の体制は整っているが，人的交流により両者が力を合わせて1つの目的を達成するというコラボレーションによる連携・協力は少なく，今後の課題であると言える。

## （2）学校および学校図書館と公共図書館とのコラボレーションによる連携・協力

　　前述のように国内では必ずしも多いとは言えないが，学校および学校図書館と公共図書館とのコラボレーションによる連携・協力の意義について，以下に述べる。

　　学校図書館は，児童生徒の日常的な読書や学習，および情報活用能力など生涯学習のスキルの向上に，とても重要な役割を果たしている。しかし，夏休みなどを迎えると，学校図書館は閉館となる傾向にあり，児童生徒は読書や学習に必要な資料や情報の入手が難しくなる。一方，公共図書館は，年間を通して，学齢期の児童生徒をサービス対象として，児童サービス，ヤングアダルトサービス（以下「YA サービス」），および学校支援サービスなどを実施している。開館日数や開館時間などは異なるものの，学校図書館と公共図書館では児童生徒という共通の利用者を対象としており，両者が連携・協力の関係を築くことは自然なことである[注7]。例えば，以下の事例のように，児童生徒が学校図書館と公共図書館の間で提携されたプログラムへの参加を通じて，より多くの恩恵を受けることが考えられる。

①アメリカ合衆国におけるコラボレーションの事例

　　アメリカ合衆国の多くの公共図書館では，夏休み期間中に，「夏期読書プログラム」（Summer Reading Program）と呼ばれる読書推進プログラムが行われている。このプログラムは，子どもたちの夏休み期間中の読書や図書館利用を推進するための取り組みとして，1890 年代から始められ，以来 100 年以上にわたって続けられている。このプログラムの実施に "Collaborative Summer Library Program"（CSLP）という組織が，主導的な役割を果たしている[注8]。CSLP は毎年，対象世代別のスローガンを掲げ，アメリカ合衆国各地の公共図書館では，これらのスローガンや独自に掲げたテーマにもとづ

き，ブックリストを作成し，読書推進に関するさまざまな活動を行っている<sup>(注9)</sup>。

そこで，学校図書館と公共図書館のコラボレーションによる連携についてであるが，デントン公共図書館（Denton Public Library，テキサス州），テキサス女子大学，およびデントン公共図書館のサービス・エリアにある4つの小学校が，2014年に「夏期読書プログラム」をはじめて共催した。学校司書が夏の間に公共図書館のお話し会に参加し，公共図書館の司書が学校訪問するなど，相互に交流をはかった。その結果，前年の2013年と比べて，「夏期読書プログラム」の参加者が27％増加したことに加えて，その他の子ども向けのプログラムへの参加者も23％増えた<sup>(注10)</sup>。

なお，「夏期読書プログラム」の参加による子どもの読書能力の向上や読書習慣の形成については，アメリカ合衆国のドミニカン大学による調査結果にも示されている<sup>(注11)</sup>。

これらはアメリカ合衆国における事例ではあるが，両者のコラボレーションにより，今後も「夏期読書プログラム」をはじめとする提携のプログラムへの参加者が増加し，児童生徒の読書への関心も高まることが示唆される。

②日本におけるコラボレーションの事例

千葉県袖ヶ浦市立昭和中学校（以下「昭和中学校」）では，2012年，および2013年に袖ヶ浦市立中央図書館（以下「中央図書館」）からの依頼により，昭和中学校図書委員会が中央図書館内のヤングアダルトコーナー（以下「YAコーナー」）と児童コーナーの展示を担当した<sup>(注12)</sup>。

まず，図書委員の数人と学校司書が，中央図書館の展示する場所や規模などを確認した。次に，YAコーナーから学校図書館に所蔵されていない図書を選んで借り，その図書を図書委員が読んだ。さらに，展示する時期も考慮して，読んだ本のおすすめポップ（利用者の読書意欲を高めるメッセージやイラストなど）を校内で作成し，中央図書館でも作業を行った。展示期間中のYAコーナーと児童コーナーは大変な人気で，図書委員たちの作成したポップを見て，多くの本が借りられた。展示期間終了後は，学校図書館近くのスペースに同様の展示を行い，学校図書館にはないが公共図書館にある本

として，広く校内に紹介し，公共図書館への来館を促した。2013 年以降も中央図書館からの依頼があり，図書委員会の生徒たちが展示を工夫して行い，公共図書館との連携・協力を深めている<sup>(注12)</sup>。

　以上のように公共図書館との連携協力については，学校司書の果たすべき役割が重要である。公共図書館の司書とのコミュニケーションを通じて，両者にとって共通の利用者である児童生徒の読書に関する関心を高めるよう，協力し合うことが肝要である。

## 3　学校図書館支援システムの構築

### （1）学校図書館支援センター推進事業の概要と成果

　学校図書館の活性化を目指す上で，地域社会での学校図書館支援システムの構築は重要である。学校図書館支援センターが全国的に設置されるようになったのは，文部科学省が 2006 年度から 3 年間にわたり実施した「学校図書館支援センター推進事業」においてである。本事業では，全国で 59 地域が指定された。指定された地域では，次のような取り組みが行われた<sup>(注13)</sup>。

①地域に学校図書館支援センター（以下「支援センター」）を設置し，学校図書館間の連携や各学校図書館の運営，地域開放に向けた支援などを行う学校図書館支援スタッフ（以下「支援スタッフ」）を支援センターに配置する。

②指定地域内の各学校に学校図書館協力員（以下「協力員」）を配置し，支援スタッフとの連携・協力のもとに，学校図書館の読書センターとしての機能と学習情報センターとしての機能の充実・強化が図られるよう，支援センターのあり方について調査研究を行う。

　これらの支援センターの運営においては，支援スタッフが学校や図書館，博物館などのさまざまな教育機関との連携を調整する学習コーディネーターとしての役割を果たしている<sup>(注14)</sup>。

　指定された 59 地域の教育長を対象に 2008 年 3 月に実施したアンケート調

査の結果の一部を，以下に示す。なお，28 地域から回答が寄せられた（回収率 47.5%）[注15]。

①支援センターの設置場所（有効回答数：28 件）

「教育委員会」が 12 件（42.9%）と最も多く，次いで「公共図書館」9 件（32.1%），および「教育センター」3 件（10.7%）の順である。

②実際に取り組んだ事業（有効回答数：26 件）

「学校図書館での蔵書点検や改装など作業の手伝い」が 20 件（76.9%）と最も多く，次いで「学校図書館担当職員対象の研修の実施」17 件（65.4%），「公共図書館と学校図書館との物流システム」16 件（61.5%），および「図書館を使った授業実践の交流」15 件（57.7%）の順である。支援スタッフとして，公共図書館と学校図書館をつなぎ，各学校図書館では日常的に取り組むことが難しい環境整備や蔵書点検，長期的な視点から重要であると考えられる研修や授業実践の交流などに力を入れて，事業に取り組んでいる。

③協力校における変化（有効回答数：26 件）

図表7−3　協力校における変化（複数回答）

| どのような変化があったか | 件数（％） |
|---|---|
| 貸出冊数が増えた | 23（88.5） |
| 授業での図書館利用が増えた | 21（80.8） |
| 児童生徒の図書館利用の様子が変わった | 20（76.9） |
| 図書・資料の購入や選定方法に工夫が見られるようになった | 13（50.0） |
| 利用指導（利用教育）を実施するようになった | 12（46.2） |
| 教諭の授業内容が変化した | 10（38.5） |
| 開館時間を延長した | 8（30.8） |
| 学校図書館にコンピュータを導入した | 8（30.8） |
| 貸出規則を変更した | 5（19.2） |
| 予約サービスを実施するようになった | 5（19.2） |
| 年間開館日数を増やした | 4（15.4） |
| 計 | 26 |

中村由布「学校図書館と公共図書館の連携―学校図書館支援センター推進事業指定地域へのアンケート調査を実施して―」『図書館界』Vol.61，No.1，2009 年，p.30-39 をもとに作成

　図表7－3は，協力校における変化についてまとめたものである。

　「貸出冊数が増えた」が23件（88.5％）と最も多く，次いで「授業での図書館利用が増えた」21件（80.8％），「児童生徒の図書館利用の様子が変わった」20件（76.9％），「図書・資料の購入や選定方法に工夫が見られるようになった」13件（50.0％），および「利用指導（利用教育）を実施するようになった」12件（46.2％）の順である。その他にも，必ずしも件数は多くないものの児童生徒の読書支援，学習支援，情報活用能力の育成支援，および教員の授業支援などさまざまなプラスの変化が見られる。以上がアンケート調査の結果である。

　前述のように支援センターの設置場所は，大きく「教育委員会」と「公共図書館」に分かれているが，それぞれに利点があると言える。すなわち，教育委員会内にあれば，学校現場への指導・助言，および一般教職員や図書館担当者の研修を行うのに適している。一方，公共図書館内にあれば，蔵書の相互貸借やレファレンスサービスなど公共図書館の資源を活用したサービスを提供するのに適している[注16]。それぞれの利点に留意しつつ，支援センターの運営にあたることが肝要である。

　また，支援センターが実際に取り組んだ事業や協力校における変化から，支援スタッフや協力員を配置したことにより，学校図書館の環境整備がすすめられ，基本的な図書館サービスの充実が図られている。さらに，本事業をきっかけに学校図書館に「人」が必要であることが，教員にも行政にも理解され，予算要求につながったなど，さまざまな成果も見られる[注17]。

　なお，本事業を終了後も支援センターの取り組みを継続するかについては，「規模を縮小して継続を予定している自治体」が52.5％と最も多い。「継続はしない予定の自治体」（10％）よりも多いものの「同規模で継続することを予定している自治体」は15％に過ぎない[注18]。各自治体で学校図書館支援センターを今後どのように継続していくかは重要な課題であり，それぞれに創意工夫が求められている。

## （2）学校図書館支援センター推進事業によらず独自に学校図書館支援センターを設置した市の事例

学校図書館支援センター推進事業によらず，独自に学校図書館支援センターを設置した自治体も見受けられる。そこで，参考までにそれらの自治体のうち，2つの事例を以下に示す。

①静岡県浜松市学校図書館支援センターの事例 [注19]

浜松市は2007年に，政令指定都市に移行し，「浜松市子ども読書活動推進計画」を策定し，市が独自に市立小学校・中学校の全校に学校図書館補助員（学校司書）を配置した。2012年には，「第2次浜松市子ども読書活動推進計画」を策定した。市内には，23館の公共図書館があり，子どもの読書活動を推進している。

学校図書館支援センターの設置については，2008年にワーキンググループによって浜松市立図書館のあり方が検討され，2009年にその指針が策定されたことが契機となった。すなわち，子どもたちに充実した図書館サービスを提供できるように，これまでの学校図書館支援事業を見直し，新規事業を盛り込み，組織化が図られた。2010年5月に「浜松市学校図書館支援センター」が浜松市立中央図書館内に設置された。

学校図書館支援センターの目的は，浜松市内の小学校，および中学校の学校図書館と市立図書館との連携を強化し，学校図書館の効果的な活用と運用を図るための拠点とすることである。6名の職員が兼務で仕事に励んでいる。

学校図書館への支援は，大きく以下の3つである。

（i）学校図書館担当者（各校の図書館主任や学校司書，司書教諭）に対する支援として，研修の場を設け，学校図書館運営に関する情報を提供する。

（ii）資料面での支援として，読書活動や調べ学習に必要な資料を提供する。

（iii）市立図書館司書が直接的に行う支援として，学校訪問や図書館招待を行う。

なお，これからの課題として，年度初めに学校に対して事業案内を行い，教職員に市立図書館ではどのようなことができるかを知ってもらうことをあ

げている。すなわち，知ってもらうことが利用につながると考えている。

②新潟県新潟市学校図書館支援センターの事例[注20]

　新潟市は，学校図書館の活用をすすめるためには，何よりも「人」が必要であるとのことから，1998年度までにすべての小学校・中学校に学校司書を配置した。さらに，2005年度の14市町村による広域合併後，それまでに学校司書の配置のなかった合併市町村のすべての小学校・中学校に，2006年度中に学校司書の配置を完了した。しかし，学校により学校図書館の活用状況に大きな開きのあることから，新潟市の学校図書館全体のレベルアップを図ることが課題となっていた。

　そこで，「新潟市教育ビジョン」と「新潟市子ども読書活動推進計画」のなかで，学校図書館支援センターを設置し，学校図書館を組織的に支援することを明記した。

　現在，市立図書館4館に学校図書館支援センターを設置し，担当者9名で全市の小学校，中学校，中等教育学校（「中高一貫教育」を行う6年制の学校），および特別支援学校の計173校の学校図書館を支援している。

　学校図書館支援センターの取り組みとしては，以下の4つである。

　（ⅰ）教諭と司書連携研修会

　　　授業における学校図書館の活用を推進するために，学校司書が授業のねらいを理解し，教員との連携を深める必要がある。そのため，両者が集う研修会を行っている。

　（ⅱ）学校図書館活用研修

　　　教員と学校司書が，読書法に関する研修（講義と演習）に参加する機会を設けている。

　（ⅲ）マニュアルの作成

　　　学校司書の代表者と学校図書館支援センター担当との協働により，『新潟市学校図書館実務マニュアル』や，学校司書として配慮したい事項をまとめた『学校司書10の基本』を作成し，各学校に配布した。

　（ⅳ）団体貸出図書搬送と「オレンジBOX」

　　　学校向け団体貸出を実施し，また，小学校の国語科や総合的な学習の

時間で活用できるように選書したセット資料をボックス単位で貸出している。

　これらの事例から，子どもの読書への関心が高く，既に子ども読書活動推進計画を策定し，全校の学校図書館に学校司書を配置している自治体では，独自に学校図書館支援センターを設置する傾向が見られる。すなわち，学校図書館支援センターを設置することが，地域社会の学校図書館を組織的に支援することにつながるからである。また，これらの自治体では，どちらかと言うと公共図書館内に学校図書館支援センターを設置しているようである。

## （3）公共図書館の学校支援サービスについて

　前述のように公共図書館内に学校図書館支援センターを設置している自治体もあるが，公共図書館が提供する図書館サービスの1つとして，学校支援サービスを実施しているところがある。

　公共図書館と学校および学校図書館のコラボレーション（協働）による連携を実現するためには，公共図書館は，これまでの児童サービスや YA サービス（中学生，および高校生対象）の枠を越えて，学校教育を総合的に支援するための学校（教育）支援サービスの提供が必要である[注21]。

　これまでに日本の公共図書館ウェブサイトには，子どもウェブページ，子どもウェブ版 OPAC，および YA ウェブページが設けられ，児童サービスや YA サービスの一部として，情報活用能力の育成支援などが行われてきた[注22][注23][注24][注25]。

　これからは，学社連携による児童生徒の学習支援，読書支援，情報活用能力の育成支援，および教職員の授業支援などの観点から，学校支援サービスが重要であると考えられる。そこで，日本の公共図書館ウェブサイトの学校支援ウェブページのコンテンツ調査を 2016 年 5 月に実施した。実際に，都道府県立図書館の 59.6％がウェブサイトに学校支援ウェブページを備えていた。次いで，区立図書館（47.1％），市立図書館（21.7％）および町立図書館（2.5％）の順であった。実際に学校支援ウェブページのコンテンツとして，

以下の4つをあげることができる[注26]。

①学校支援サービスについて

　地域社会の学校関係者や地域住民に対して，公共図書館の学校支援サービスに関する情報を提供する。

②リソース・シェアリングについて

　公共図書館と学校，および学校図書館との情報源の共有に関する情報を提供する。団体貸出，貸出の際の物流システムについて，およびレファレンスサービスについてなどを含む。

③図書館プログラムについて

　公共図書館と学校，および学校図書館との共催によるプログラムに関する情報を提供する。児童生徒を対象とするプログラムに加えて，教職員などを対象とする研修会なども含まれる。

④教職員の授業支援や教材研究などに関する情報源について

　教職員の授業支援や教材研究などに必要な資料や情報源についての情報を提供する。なお，教職員に公共図書館の利用を促し，間接的に授業支援を目指すものも含まれる。

⑤児童生徒の学習支援，読書支援，および情報活用能力の育成支援などに関する情報源について

　児童生徒の学習支援，読書支援，および情報活用能力の育成支援などを目指す資料や情報源について，発達段階や興味関心にふさわしい情報を提供する。

　なお，児童生徒に児童サービスやYAサービスに関心を持ってもらい，公共図書館の利用を促すための情報も含まれる。


　学校教育の充実と地域の教育力の向上を図る上で，学校支援サービスを実施している公共図書館が，子どもウェブページやYAウェブページに加えて，学校支援ウェブページをウェブサイト上に備えることは肝要である[注26]。

# 4 学校図書館の将来像

## （1）新学習指導要領の理念と学校図書館

　学習指導要領（小学校 2020 年度〜，中学校 2021 年度〜全面実施。高等学校 2022 年度〜年次進行で実施）では，「社会に開かれた教育課程」を目指すべき理念として掲げている。すなわち，学校は保護者や地域の人々をはじめとして社会との連携・協働をいかに進めていくかが，あらためて問われている。また，この理念を実現するための方策として，以下の3つがあげられる[注27]。

①「学びの地図」

　学習指導要領が「学びの地図」として，子どもたちが身につけるべき資質・能力や学ぶべき内容などの全体像を示し，教職員のみならず家庭や地域などで幅広く活用できるようにする。

②「主体的・対話的で深い学び」

　アクティブ・ラーニングの視点から，授業改善を図り学びの質を高めていく。すなわち，教員が学習者に一方的に講義し学習させるのではなく，学習者自らによる課題の発見とその解決に向けて主体的・協働的に学ぶ学習を目指す。

③「カリキュラム・マネジメント」

　教育課程を軸に学校教育の改善・充実の好循環を生み出す。すなわち，すべての教職員の参加により，教育課程の編成・実施・評価・改善を通じて，学校の特色を創り上げていくようにする。

　なお，カリキュラム・マネジメントには，以下の3つの側面がある[注27]。

　（ⅰ）教科横断的な視点で，教育の内容を組織的に配列すること。

　（ⅱ）教育課程についてPDCA（Plan-Do-Check-Action）サイクルを確立すること。

　（ⅲ）教育内容と教育活動に必要な人的・物的資源（リソース）などを地域社会に求め，活用すること。

　そこで，このような学習指導要領の理念を実現するための学校図書館の将来像として，アクティブ・ラーニングの推進，ラーニング・コモンズとしての環境づくり，および，連携センターとしての機能の３つについて以下に述べる。

## （２）アクティブ・ラーニングの推進

　アクティブ・ラーニングの基本的な考え方は，かなり以前から示されてきた。デューイは，学習者が単に教員や教科書から受動的に学ぶだけではなく，自らの経験や主体的な活動を通じて能動的に学ぶことの重要性について指摘している<sup>（注28）</sup>。

　アクティブ・ラーニングは，学習者の直接的な経験や，学習者と知的で社会的な環境などとの相互作用により，はじめて成立する。エドワーズは，異なるタイプのアクティブ・ラーニングの枠組みとして，「知的アクティブ・ラーニング」「身体的アクティブ・ラーニング」および「社会的アクティブ・ラーニング」の３種類をあげている<sup>（注29）</sup>。

　図表７－４は，アクティブ・ラーニングの推進における学校図書館の課題について示したものである。なお，図表中，アクティブ・ラーニングの教育的な戦略（具体例）は，エドワーズの説によるものであり，学校図書館が取り組むべき課題については，学校図書館の将来像をふまえた上でのオリジナルな提案である。図表７－４を参考にしながら，３種類のアクティブ・ラーニングの具体例とアクティブ・ラーニング実現に向けて学校図書館が取り組むべき課題について以下に述べる。

①知的アクティブ・ラーニング（Intellectually Active Learning）

　教員や教科書などからの知識や情報を，学習者が鵜呑みにするのではなく，自ら調査し，読書し，クリティカル・シンキング（Critical Thinking）あるいは分析や総合という高いレベルの思考により，入手した知識や情報と知的にかかわる。

　なお，クリティカル・シンキングとは，日本語に訳すと，「批判的思考」

図表7-4　アクティブ・ラーニングの推進における学校図書館の課題

| 知的アクティブ・ラーニング | 身体的アクティブ・ラーニング | 社会的アクティブ・ラーニング |
|---|---|---|
| （教育的な戦略）<br>・概念図　・調査活動<br>・問題解決活動<br>・プレゼンテーションや論文のための総合的な研究<br>・学習したことを総合的に扱うプレゼンテーションをマルチ・メディアで創作 | （教育的な戦略）<br>・実験室での実験<br>・実地でのプロジェクト<br>・ゲーム<br>・モデルの構築<br>・コンピュータによるデータや画像などの処理 | （教育的な戦略）<br>・グループ全体でのディスカッション<br>・小グループでのプロジェクトやディスカッション |
| （学校図書館の課題）<br>・資料や情報の充実<br>・図書館利用教育の実施<br>・学校図書館ウェブサイトや学校図書館ウェブ版OPACの構築と活用 | （学校図書館の課題）<br>・社会教育施設などとの連携協力<br>・社会教育施設などに関する情報の提供 | （学校図書館の課題）<br>・学習環境の整備<br>・ラーニング・コモンズの実現 |

であるが，あら探しという否定的な意味ではなく，「問題解決や意思決定にあたり，他者による情報や意見を妄信せずに，慎重に吟味し検討する」という建設的な意味で使用されている。例えば，著者の主張を鵜呑みにしないように，学習者は読んだ本の内容について必ず考える時間を持つこと，同じテーマでも著者による考え方が違うと本の内容も異なるので，同じテーマの本は複数の著者の本を幅広く読むことも，クリティカル・シンキングを行う上で肝要である。

　学校図書館では，学習者がさまざまな資料や情報に触れてそれらを比較検討した上で，各自で判断できるように，資料や情報の充実に努めることが重要である。また，主体的に生涯学習を行える自立した図書館利用者の育成を目指して，さまざまな資料や情報の利用の仕方を指導する図書館利用教育を学習者に体系的に行うことが重要である。

　さらに，学校図書館が備える資料や情報に関しては，学校図書館の蔵書に加えて，学習や日常生活に有益なインターネット上の情報源，および学校図

書館の蔵書をいつでも検索できる学校図書館ウェブ版 OPAC なども含まれる。このようなことから，学校図書館ウェブサイト，あるいは，学校ウェブサイト上に学校図書館ウェブページを構築し，さらに学校図書館ウェブ版 OPAC をこれらのサイトやページ上に整備し，学習者が日々の学習や日常生活のなかで活用できることも大切である。

②身体的アクティブ・ラーニング（Physically Active Learning）

　学習者は，実験，実地でのプロジェクト，コンピュータによるデータや画像などの処理，およびゲームなどに関心があり，これらの経験を通じて新しいアイデアを発見する。さらに，学習者は，校内での主体的な学習に加えて，地域社会に出かけ，見聞を広めることも考えられる。すなわち，学習者の経験学習を豊かにすることにつながる。地域社会には，地域の情報拠点としての公共図書館や，歴史，芸術，民俗，産業，自然科学などに関する資料を収集し，保管し，展示する博物館など，さまざまな社会教育施設がある。

　学校図書館では，学習者がこれらの社会教育施設を利用して主体的に学べるように，日頃からこれらの施設などとの連携協力に心掛けるとともに，これらの施設などに関する最新の資料や情報の収集，および学習者への収集した資料や情報の提供に積極的に努める必要がある。

③社会的アクティブ・ラーニング（Socially Active Learning）

　学習者が協働的に課題に取り組めるように，小グループやグループでのディスカッションやプロジェクト，およびクラス全体でのプレゼンテーションやディスカッションなどをする。

　学校図書館は，学習者によるさまざまな学習スタイルに対応できるように，学習環境の整備が求められる。すなわち，学校図書館が，読書，個別学習，協働学習，バーチャル・アクセスのためなど多様なスペースを備えること，各スペースの機能を充実させることに加えて，学習者のアメニティにも充分に配慮することなどが大切である。

## （3）ラーニング・コモンズとしての環境づくり

　ラーニング・コモンズ（Learning Commons，以下「LC」）とは，共通の

あるいは共有の学習スペースであり，学校の図書館施設，および，コンピュータやインターネットなどの情報環境により構成される。また，学習者の主体的な参加による探究，実験，およびコラボレーションを通じた学びを実現できる環境づくりに，利用者自身が関与している学習スペースのことである[注30]。

　LC の主要な構成要素として，次の 5 つがあげられる[注31]。

　①学校の図書館施設，および，コンピュータやインターネットなどにより構成されるスペース

　学校の図書館施設に加えて，コンピュータやインターネットなどにより構成される LC は，学習の可能性をより大きなものにしている。また，書架や家具などが学習スタイルに応じて移動できるなど，利用者自身が主体的に自らの学習スペースを創り出すことができる。

　②公平なアクセス

　授業の有無にかかわらず，生徒や教職員には情報源へのアクセスが可能である。コンピュータやインターネットなどにより構成されるスペースへは家庭からも毎日アクセスできて，公平に情報源を利用できる。このような情報環境を実現するためには，例えば，学校ウェブサイト上の学校図書館ウェブページや学校図書館ウェブサイトなどを通じて情報源を利用することが考えられる[注32][注33][注34][注35]。

　③学習上の協力

　LC は，教職員や生徒など学校のすべての構成員が，学習上の協力において，協働できるスペースを提供している。また，学校司書は，単に教員からの求めに応じた資料や情報の提供にとどまらず，授業に参加し教員とともにチーム・ティーチングの一員として生徒の指導にあたることが考えられる。

　さらに，学校，家庭，専門家，およびコミュニティの四者による学習上の協力により，子どもたちは開かれた学校で学習をすすめていくことができる。

　④学習におけるテクノロジー

　LC では，コンピュータが設置されており，冊子体の資料とインターネット上の情報源などを同時に活用できて，探究的な学習を行うのにふさわしい

学習環境である。

⑤自力で学ぶことができる利用者

　LCは，生徒が生涯学習の視点を持てるように手助けをする。すなわち，学び方を学ぶことを通じて，生涯学習のための能力が高められ，自力で学ぶことができる自立した利用者に成長する。

## （4）連携センターとしての機能

　これからの学校図書館は読書センター，学習センター，情報センターとしての三つの機能に加えて，連携センターとしての機能も整備し充実を図ることが必要である[注36]。これらの4つの機能を果たすために，学校司書の存在は必要不可欠である。

　そこで，学校図書館が連携センターとしての機能を果たすために，学校司書の果たすべき職務について述べる。まず，他の学校図書館，および地域の公共図書館などとの資料の相互貸借などを含む連携にかかわることが考えられる。また，学校司書の職務として，レフェラルサービス（Referral Service）があげられる。レフェラルサービスとは，利用者からの情報要求に対して，図書館で調査した結果が不充分な場合に，図書館が該当の分野の適切な専門機関に照会して利用者の必要な情報を入手し，提供するサービスのことである。例えば，博物館に照会して利用者の必要な情報を入手して提供すること，博物館に利用者の必要な資料や展示品のあることを確認して，利用者に紹介することなどが考えられる。さらに，探究的な学習やアクティブ・ラーニングの支援があげられる。地域社会にある博物館では，各種講座や講習会，子ども向けの体験型の催しなど，さまざまな取り組みが行われている。これらの取り組みを学校司書が利用者に紹介することも，探究的な学習やアクティブ・ラーニングの支援につながる。

　学習者が公共図書館や博物館などの社会教育施設を利用して，アクティブに学べるように，学校司書は，これらの施設との連携協力に努め，学習者への適切な情報提供を日頃から行うことが重要である[注37]。

　なお，欧米での事例ではあるが，米国議会図書館，米国デジタル公共図書館，

および，ヨーロピアナが教育現場へのアウトリーチ活動として，児童生徒の学習のためのデジタルコンテンツ（以下「学習デジタルコンテンツ」）の利用促進に関する教育活動を展開している。すなわち，国立図書館や博物館などに所蔵されている米国や欧州の歴史や文化に関する一次資料のデジタル化を図り，初等・中等教育の教員や学校司書などとの連携協力のもとに，一次資料セットやレッスン・プランなどを開発し，実際の授業に役立てようというものである<sup>(注38)</sup>。このような取り組みは，TPS（Teaching with/about Primary Sources）と呼ばれ，日本語では「一次資料を用いた，あるいは，一次資料に関する教育」と言われている。

一次資料が手書き原稿や写真など「手を加えていない」「編集していない」「解釈を施していない」資料であるのに対して，二次資料は辞書，百科事典，教科書など一次資料を分析および編集したあとの資料である。教科書を含む二次資料を通じてのみ歴史を学んできた生徒に，一次資料へのアクセスを与えることは，探究的な学習に取り組む契機となり，歴史的な出来事をより深く理解することにつながる<sup>(注39)</sup>。

さらに，TPS を通じて児童生徒は，クリティカル・シンキングのスキルを発展させ知識を構築することに加えて，一次資料を効果的に活用するために必要な一次資料リテラシーを身につけ，主体的な生涯学習に取り組むようになると考えられる<sup>(注40)</sup>。

日本でも今後は学校図書館と国立図書館や博物館などとの連携協力のもとに，学習デジタルコンテンツの作成，レッスン・プランなどの開発，および，授業での学習デジタルコンテンツの利活用の推進が期待される。

（金沢みどり）

〈注〉

（注 1 ）八田友和「学校教育と博物館の関係」『生涯学習研究 e 事典』（http://ejiten.javea.or.jp/content26518018.html［2019 年 3 月 12 日現在参照可］）

（注 2 ）杉長敬治「『博物館総合調査』（平成 25 年度）の基本データ集　教育普及活動について」『日本の博物館総合調査：基本データ集』平成 25 ～ 27 年度，

2015 年

（注３）公益社団法人全国公民館連合会「「つどう」「まなぶ」「むすぶ」ソフトウェ
　　　アを持つ公民館」『学校図書館』No.779　2015 年 9 月　p.33-36

（注４）ワトソン・ロバート「家庭教育を支え，"地域の子ども"を学校とともに
　　　はぐくむ～大山公民館，未来へのチャレンジ～」『社会教育』No.839　2016 年 5
　　　月　p.62-65

（注５）高橋哲司「地域と学校の連携・協働でつなぐ，広げる「ふるさとと教育」
　　　岩手県久慈市立大川目市民センター」『月刊公民館』第 729 号　2018 年 2 月
　　　p.24-27

（注６）文部科学省児童生徒課『平成 28 年度「学校図書館の現状に関する調査」
　　　結果について』2016 年

（注７）Potter, Tonya and Kara Johnson, 'Two Libraries Working toward Common
　　　Goals', "Knowledge Quest", Vol. 45, No.5　2017　p. 22-29

（注８）金沢みどり『図書館サービス概論　第 2 版』学文社　2016 年

（注９）国立国会図書館　カレントアウェアネス―E　No.176, E1078　米国の夏休
　　　み読書推進プログラム　2010 年 8 月 1 日

（注 10）Tucker, Dana et al. 'Summer Reading Program Collaboration: An Outstanding
　　　Opportunity for a Public Library, School Library, and University Course Partnership',
　　　"Texas Library Journal", Vol. 91, No. 1　2015　p.17-19

（注 11）Roman, Susan, Deborah T. Carran, Carole D. Fiore, "The Dominican Study:
　　　Public Library Summer Reading Programs Close the Reading Gap: Final Report",
　　　June 2010
　　　（http://gslis.dom.edu/sites/default/files/documents/IMLS_final Report.pdf
　　　Accessed: 2015/11/25）

（注 12）金沢みどり編著『学校司書の役割と活動―学校図書館の活性化の視点から
　　　―』学文社　2017 年　p.146-155

（注 13）中村由布「学校図書館と公共図書館の連携―学校図書館支援センター推
　　　進事業指定地域へのアンケート調査を実施して―」『図書館界』Vol.61　No. 1
　　　2009 年　p.30-39

（注 14）平久江祐司「学校図書館支援センター担当者の地域の学習コーディネーター
　　　としての可能性」『日本生涯教育学会年報』Vo.30　2009 年　p.135-143

（注 15）前掲（注 13）

（注 16）前掲（注 14）

（注 17）　前掲（注 13）

（注 18）　財務省主計局「予算執行調査資料：文部科学省モデル事業学校図書館支援センター事業総括調査票」(https://www.mof.go.jp/budget/topics/budget_execution_audit/fy2008/sy200701/2007e_33.pdf[2019 年 3 月 16 日現在参照可])

（注 19）　中谷佳主枝「学校図書館をもっと元気に！「人」「もの」「情報」ステーション─⑨浜松市学校図書館支援センター」『学校図書館』No.745　2012 年 11 月　p.65-68

（注 20）　安東雅美「学校図書館活用の促進と子供の読書活動推進─新潟市学校図書館支援センターの取組」『初等教育資料』No.909　2014 年 1 月　p.32-35

（注 21）　平久江祐司「公共図書館と学校図書館の連携：新たな展望」『図書館雑誌』Vol.104, No.3　2010 年　p.134-136

（注 22）　鈴木史穂「子どものための Web-OPAC」『図書館界』Vol.59, No.1　2007 年　p.26-31

（注 23）　金沢みどり，丸山有紀子「児童の情報活用能力の育成支援に関する公共図書館 Web ページの現状と意義」『教育情報研究』Vol.23, No.3　2008 年　p.39-48

（注 24）　金沢みどり，丸山有紀子「児童の情報活用能力の育成支援に関する公共図書館 Web 版 OPAC の現状と問題点」『教育情報研究』, Vol.24, No.2　2008 年　p.15-25

（注 25）　金沢みどり，丸山有紀子「公共図書館ヤングアダルト Web ページの現状と意義─情報活用能力の育成支援の観点から─」『教育情報研究』, Vol.30, No.1　2014 年　p.3-18

（注 26）　金沢みどり「日本の公共図書館の学校支援 Web ページの現状と意義」『教育情報研究』Vol.34, No.3　2019 年　p.3-18

（注 27）　天笠茂「地域と連携・協働したカリキュラム・マネジメントの充実」『初等教育資料』No.978　2019 年 3 月　p.6-10

（注 28）　Dewey, J. 'My Pedagogic Creed', "School Journal", Vol.54, No. 3　1897　p.77-80

（注 29）　Edwards, S. 'Active Learning in the Middle Grades' "Middle School Journal", Vol. 46, No.5　2015　p.26-32

（注 30）　Loertscher, David V., Carol Koechlin, and Sandi Zwaan, "The New School Learning Commons where Learners Win", Hi Willow Research and Publishing, 2008

（注 31）　Ontario School Library Association, "Together for Learning: School Libraries and the Emergence of the Learning Commons”, Ontario Library Association, 2010

（注32）金沢みどり『生涯学習社会における情報活用能力の育成と図書館』学文社 2012年

（注33）金沢みどり「Web版OPACの活用による小学校の新しい教育の方法と技術—情報教育の視点から—」『東洋英和女学院大学院大学教職課程研究年報』第4号 2012年　p.2-17

（注34）金沢みどり「小学校における新しい教育の方法と技術—小学校図書館Webサイトの構築と活用を通じて—」『人文・社会科学論集』第30号　2013年 p.1-26

（注35）Kanazawa, Midori, “Information Literacy Education in Japanese Libraries for Lifelong Learning”, New York, Nova Science Publishers, 2016

（注36）平久江祐司「言語活動の充実を支援する学校図書館　地域連携型の学校図書館へ」『現代の図書館』Vol.52, No.1　2014年　p.47-52

（注37）金沢みどり編著『学校司書の役割と活動—学校図書館の活性化の視点から—』学文社　2017年

（注38）金沢みどり「第4章　海外の学習デジタルコンテンツをめぐる現況『読書・学習支援コンテンツ構築及び利活用に関する調査研究』（国際子ども図書館調査研究シリーズ　No.4）国立国会図書館国際子ども図書館、2019年　p.94-115

（注39）Schyrlet Cameron and Suzanne Myers, “Using Primary Sources to Meet Common Core State Standards”, Greensboro, Mark Twain Media, Inc. 2014

（注40）前掲（注38）

# 関連資料一覧

## 《法規・基準》

学校図書館法
「学校司書のモデルカリキュラム」について（通知）「学校司書のモデル
カリキュラム」
学校図書館司書教諭講習規程の一部を改正する省令について（通知）「司
書教諭の講習科目のねらいと内容」
学校図書館の整備充実について（通知）別添「学校図書館ガイドライン」
視覚障害者等の読書環境の整備の推進に関する法律

## 《学校図書館の役割・機能》

学校図書館憲章
ユネスコ・国際図書館連盟共同学校図書館宣言
小学校学習指導要領（抄）

# 索引

## ［第1巻担当編集委員・執筆者］

平久江祐司（ひらくえ　ゆうじ）
筑波大学大学院図書館情報メディア研究科教授
県立高等学校社会科教諭を経て，1998年図書館情報大学図書館情報学
部専任講師として勤務ののち現職
共著に，『学校図書館メディアセンター論の構築に向けて』（勉誠出版，
2005年），『学習指導と学校図書館』（全国学校図書館協議会，2002年），
『改訂版学習指導と学校図書館』（放送大学教育振興会，2005年）ほか

## ［第1巻執筆者］（五十音順）

有山裕美子（ありやま　ゆみこ）
工学院大学附属中学校・高等学校司書教諭／国語科教諭
都留文科大学卒業，日本大学総合社会情報研究科　修士（文化情報）
小学校教諭，公共図書館非常勤職員などを経て現職

安藤友張（あんどう　ともはる）
実践女子大学文学部図書館学課程教授
名古屋芸術大学附属図書館（司書），九州国際大学経済学部教授を経て，
2016年より現職
共著に，『生涯学習時代における学校図書館パワー』（渡辺信一先生古稀
記念論文集刊行会，2005年），『新学校図書館通論』（学芸図書，2006年），
『図書館制度・経営論：ライブラリー・マネジメントの現在』（ミネルヴァ
書房，2013年）ほか

金沢みどり（かなざわ　みどり）

東洋英和女学院大学人間科学部人間科学科教授　博士（教育学）

（東京学芸大学論文博士）

嘉悦女子短期大学専任講師を経て，1997 年東洋英和女学院大学人間科学部助教授として勤務ののち現職

単著に『図書館サービス概論 第 2 版』（学文社，2016 年），"Information Literacy Education in Japanese Libraries for Lifelong Learning"（Nova Science Publishers, 2016），『児童サービス論 第 2 版』（学文社, 2014 年），編著に『学校司書の役割と活動：学校図書館の活性化の視点から』（学文社，2017 年），共著に『シリーズ学校図書館 第 4 巻 読書と豊かな人間性』（全国学校図書館協議会，2011 年）ほか


三島侑子（みしま　ゆうこ）

茗溪学園中学校高等学校司書教諭／情報科教諭

筑波大学大学院図書館情報メディア研究科　修士（情報学）

2009 年茗溪学園中学校高等学校情報科非常勤講師として勤務ののち現職


渡邊重夫（わたなべ　しげお）

元藤女子大学教授

札幌静修高等学校長を経て，2008 年藤女子大学教授に就任。現在は，全国 SLA 学校図書館スーパーバイザー

単著に『図書館の自由と知る権利』（青弓社，1989 年），『司書教諭という仕事』（青弓社，1999 年），『学習指導と学校図書館 第 3 版』（学文社，2013 年），『学校図書館の対話力：子ども・本・自由』（青弓社, 2014 年），『学びと育ちを支える学校図書館』（勉誠出版，2016 年），『学校図書館の可能性：自ら考え，判断できる子どもを育てる』（全国学校図書館協議会，2017 年），『子どもの人権と学校図書館』（青弓社，2018 年）ほか

**探究　学校図書館学**
**第 1 巻　学校経営と学校図書館**　　　　　　　　　　分類 017

---

2019 年 12 月 31 日　　初版発行
2022 年 1 月 20 日　　第 2 刷発行


　　　　編著者　　公益社団法人全国学校図書館協議会
　　　　　　　　　「探究　学校図書館学」編集委員会
　　　　発行者　　設楽敬一
　　　　制作・編集　株式会社悠光堂
　　　　制作統括　遠藤由子

　　　　DTP・校正　三坂輝プロダクション
　　　　印刷・製本　日本印刷株式会社
　　　　発行所　　公益社団法人全国学校図書館協議会
　　　　　　　　　〒 112-0003 東京都文京区春日 2-2-7
　　　　　　　　　電話 03-3814-4317（代）　FAX03-3814-1790

---